王健林

我的商业帝国密码

何敬华 著

时事出版社

前言

他是中国现实版的霸道总裁，一手创建了万达帝国，坐拥几千亿资产。

他是时代的机遇猎手，牢牢地把握住了时代的脉搏。他紧跟每一次商业趋势，业务涉及地产、文化产业、城市综合体等，现已成为笑傲江湖的商业教父。

他是重视家庭观念的丈夫和兄弟，其创业初心就是让家人生活得更好，在拥有了巨大财富后，仍不忘帮助家族成员实现他们的梦想。

他是对待朋友有些过度善良的"冤大头"。在办公室的保险箱里，他时常备上一些现金，有找上门来求助的旧朋友，他就慷慨解囊，且不需要归还，尽管有时他已记不得那些旧友是谁。

他是与马云对赌一个亿的冒险家。因为电商和传统销售的观点之争，他与马云激烈讨论，引起业内许多大佬的热烈回应。他与马云是多年好友，这场争论只是一种思索。

他是"曾经的文艺青年"，自幼喜欢读书，热爱以儒家为代表的传统文化。他弹琴、唱歌，有了资本后又研究字画。所有的演讲和报告，他都坚持自己操刀。

他是个勇敢且有担当的汉子。2006年，他做出了一个惊天动地的决定——将沈阳太原街出售商铺进行退铺。为了保障商户的利益，他勇敢地走出这一步，用15亿的重建费用为自己的失误买单，却也因此建立起万达的口碑，赢得了人心。

17年的军旅生涯造就了他严肃、稳重、雷厉风行的性格。他生活习惯规律、严苛，对公司实行军事化管理，这让很多不适应的员工被淘汰出万达体系，但也让很多充满干劲的年轻人找到了最佳平台。

他有一些严肃刻板。作为一代神话级的超级企业家，他少了一些轻松和幽默，让人在崇拜之外，会感到一些畏惧和距离。表达的时候，他更倾向于严肃阐释思想，少了一些谈笑风生。

他是与拿破仑一样的野心家，"永远争第一"是他内心深处的座右铭。几十年来，万达商业的版图涉及各个行业，但无一不力求做到行业翘楚。他要么不做，要做就要做到最好。

他是温柔的慈善家。他捐助灾难，捐助教育，支持年轻人创业，并希望自己在2020年退休时，可以承包一个贫困县，专门扶贫。他希望做像比尔·盖茨一样的人，成为一名国际级的慈善家。

此外，他还是一个不知疲倦的工作狂、言出必果的行动派、进退有余的精明者。

他是王健林，要真正读懂他和万达，就要读懂其财富背后那些不同的面孔。

目录 Contents

第一章
基因：成功绝非偶然

1. 创业这件事，清华北大不如胆子大 // 003
2. 跟别人做不一样的事 // 013
3. 卓越企业是有DNA的 // 022
4. 九死一生的决心和勇气 // 031

第二章
征途：从零到五千亿

1. 模式的新与旧 // 043
2. 行动的快与慢 // 053
3. 规模的大与小 // 061
4. 商人的家与国 // 069

| 第三章 |

绝技：你的核心竞争力是什么

1. 订单地产商业模式 // 077

2. 难以超越的万达执行力 // 086

3. 关于商业资源 // 095

4. 资本也是核心竞争力 // 105

| 第四章 |

反思：教训胜于经验

1. 3年内被告了222次 // 117

2. 撞了南墙也不回头 // 125

3. 亲手炸掉15个亿 // 134

4. 用万达干掉万达 // 142

| 第五章 |

定位：部队还是公司

1. 一个军人出身的高度自律 // 153

2. 半军事化、流程化管理 // 160

3. 亮剑是一种气魄 // 170

4. 不想做将军的士兵不是好士兵 // 178

| 第六章 |

野心：我只做老大

1. 四次关键转型是如何完成的 // 189

2. 万达广场为何兴旺 // 198

3. 科技手段有效管理 // 206

4. 不要把鸡蛋放在一个篮子里 // 215

| 第七章 |

转型：锐变成就新生

1. 零售业永远不会被电子商务取代 // 227

2. 不为了转型而转型 // 236

3. 与马云对赌一个亿 // 242

4. 根本不存在互联网思维 // 248

| 第八章 |

顺势：布局决定结局

1. 文化产业 // 257

2. 体育产业 // 265

3. 旅游O2O // 271

4. 体验型消费 // 277

第九章
梦想：帝国新征程

1. 并购为主，投资为辅 // 285

2. 现有产业相互关联 // 292

3. 本土人才打天下 // 298

4. 让慈善成为企业文化 // 304

后记 // 309

第一章
基因：成功绝非偶然

1. 创业这件事，清华北大不如胆子大

你是不是在追求着安稳的人生？你是不是把好工作的标准定义为"钱多、事少、离家近"？你是不是每天都在幻想炒老板的鱿鱼，自己体验一把当老板的滋味，却又整天担心一旦创业失败该怎么办？

人生不是用来舒服的，如果想做一件事情却整天担心失败的后果，那还不如不做，即便做了，也一定不会成功。

人总需要一些闯劲儿、一些拼劲儿，这股劲头不分年龄。不要说你已经过了敢闯敢拼的年纪，王健林开始创业时已 34 岁，按照五十年代出生的人的思维，当时的他并不年轻。

在经商之前，王健林做过许多与商业无关的工作，如森工局营林处的工人、鸭绿江畔的侦察兵、大连陆军学院大队的参谋，转业后又进入大连市西岗区人民政府担任办公室主任。

如果说安稳，除了工人与侦察兵外，其他几份工作都可以让王健林太太平平地度过一个安稳的人生，可他偏偏是个过不惯安稳生活的人，从安稳的政府办公室主任岗位上毅然决然地选择了创业，还偏偏选择了又苦又累的房地产行业。

也许王健林的勇气与果敢来自多年在侦察兵营的历练，让他的周

身上下散发着坚毅的军人气质；也许他不怕吃苦的精神，遗传自爬过雪山、过过草地的红军父亲，与饿了只能吃草根、树皮的红军比起来，创业的苦实在不值得一提。

父亲王义全只是红军队伍众多小兵中的一员，然而他身体里的每一个细胞都充满了红军在长征中历练出来的吃苦耐劳的精神。他也将这种精神毫无保留地传给了儿子王健林。

1949年新中国成立后，王义全回到老家四川，进入四川省林业厅工作。就在王健林刚刚四岁时，王义全服从组织安排，带着妻子和年幼的儿子离开已经生活了近十年的广元，来到阿坝州金川县，负责在那里组建森工局，并且一待就是14年。

当时的阿坝州是一片从未开发的处女地，那里民风淳朴、景色优美，但因物资匮乏而生活异常艰苦。王健林就是在这里度过了他的童年与少年时代。他亲眼见证了父亲在组建森工局的过程中，在没有局长和书记的情况下，独自承担下整地、修林场、组织工人的全部工作。父亲踏实认真和不怕吃苦的精神，深深地感染着王健林。

因为父亲自从新中国成立后就一直从事建设林业的工作，所以母亲便把"建林"两个字作为儿子的名字。王健林最初的名字，其实叫做"王建林"。他的人生从建设林业开始，也曾投入到建设林业的工作中。

初中毕业后，十五岁的王建林成为森工局下属的营林处的一名普通工人，他每天都要在金川县茂密的原始森林里步行一个多小时，同时还要负责栽树挖坑和烧炭。

十五岁的男孩子，身体还不算十分强壮，森林里一些锋利的植物常常会割伤他，但就是这样与森林为伴的艰苦工作，正值少年的王健林硬是咬牙坚持了一年。

丛林有丛林的法则，与它打交道久了，王健林也懂得要像这片原始森林一样，有自己的坚持。王健林是一个根红苗正的军人子弟，他的身体里流淌着军人的血液，他要决定自己的命运。虽然他对外界的一切十分陌生，可是却懂得将整个世界当做一片大森林，既然他可以适应阿坝州的这片原始丛林，也必将可以适应世界这片大森林。

经过一番思考过后，王健林决定追随父亲的脚步，成为一名军人。于是，十六岁的王健林再一次回到了他出生的那片土地——四川省广元市苍溪县，在那里参军，并且将自己的名字改成了"王健林"。

他就这样穿越大半个中国，从大西南来到大东北，在吉林省吉安县鸭绿江边的军营里成为一名侦察兵。

在诸多兵种中，侦察兵是身体与大脑同时接受磨炼的一个兵种。其主要职责是深入敌后，侦察敌军的军事目标位置，为我军的火炮和空中打击提供翔实的地理坐标等等，因此对单兵的体能、敏捷度和综合作战意识都有较高的要求。

侦察兵虽然并不属于特种部队，但其成员必须具备特种部队人员的条件。在当兵的几年里，王健林接受了体力的磨炼，武器射击的训练，练就了过人的拳脚、敏捷的行动力，还学习了专业的军事学、心理学、审讯与反审讯、侦察与反侦察知识。

军营的生活让王健林变得更加强大，也给了他常人所不及的勇气。军人必须具有不怕死的精神，连死都不怕，还会怕创业中的失败吗？

有时候，人需要逼自己一下。不要时刻想着为自己留好退路，只有无路可退时，身体里勇往直前的潜力才会激发出来。

王健林就这样在部队里一路从士兵做到排长，并获得进入大连陆军学院学习的资格。在这里，他见到了更多的高素质人才，学到了更多高水平的知识，年仅二十岁的他对未来渐渐地有了一个隐约的规划。

从大连陆军学院毕业后，王健林留在了该院，先是做了一名大队参谋，之后又成为该院宣传处的干事，动员学院的军士报考党政专修班是他的主要工作。而这一份工作，也激发了他自己进入大学读书的动力。

四年之后，也就是1983年，王健林进入辽宁大学党政专修班，主修经济管理专业，并获得学士学位，这次学习经历提高了他的管理能力，也让他的视野变得更加开阔。毕业之后，王健林在陆军学院管理处副处长的职位上干了不到一年时间，就选择了转业。

对于一名军人来说，军营，永远是他们像故土一般眷恋的一个地方；转业，就意味着从此与军营、与陆军学院彻底断绝了联系。

故土虽然难以割舍，但远方还有更加广阔的天地，他想要像骏马一样，在未知的路程上纵情驰骋，哪怕前方充满坎坷、铺满荆棘。

在大多数人眼中，王健林做出转业的决定简直是"疯了"，放弃在陆军学院蒸蒸日上的地位，进入一家企业担任总经理，虽然总经理的头衔看似诱人，但终究是放弃了部队的"铁饭碗"，捧起了一个不知道什么时候就会打碎的"瓷饭碗"。

可是王健林不在乎，"铁饭碗"虽然结实，吃饭却不香，因为"瓷饭碗"会轻易摔碎，甚至不知什么时候就会失去，饭要抢着吃才会更加珍惜。

辽宁大学的经济管理学学士学位，听上去似乎并不如北大、清华的名头那样响亮，可是有统计证明，从清华和北大毕业的大多数学生，都会选择到机关事业单位去工作，这说明低风险、高安稳的生活已经成为国人普遍认可的工作标准。

王健林这个毕业于辽宁大学党政专修班的学生，却在20世纪80年代末期义无反顾地选择了创业，他说："如果科学界不出大师，经济界不出世界级的企业家，中国就不能说真正强大，中华民族也不能立于世界民族之林。"

有时候，创业不需要太多资金，勇气便是最昂贵的成本，但并不是每一个人都具备创业的勇气，因为他们害怕失败。

的确，只要开始创业，就意味着有失败的可能，这个可能还不小，用王健林的话说就是，"创业可能一百个人中会有九十个人失败"。但是他也说："总有五个十个人会成功。"不尝试一下，怎么知道你是否具有创业的潜力？如果一辈子都在是否创业的两难抉择间犹豫不决，那么一生也就只能在畏畏缩缩中度过。

但是，在创业之前，你必须记住一件事，创业绝对不是一个舒服的过程，比起坐在办公室里吹空调、玩电脑，创业是个十分遭罪的苦差事。

王健林在创业之初，遇到了不少难题。1988年万达刚刚创立，那时的中国还处于一切都需要指标的阶段，虽然已经过了一切都要凭票购买的年代，但许多生活必需品依然要按人头来分配指标。

搞建设，更是一个需要指标的行业。不是有钱开一家建筑公司，就可以大张旗鼓地在中华大地上盖起高楼大厦，当时在大连市，国家只对三家公司下发建筑指标，万达虽然在那时是一家与区政府联合成立的公司，但依然没有得到这个指标的资格。

公司成立的半年时间里，所有工作人员每天都大眼瞪小眼地从上班挨到下班，一个项目也没有接到。员工没有工作，还可以按时领到工资，可作为创业者，却要承担起在没有收入的情况下，为员工发工资的责任。

员工要生活，企业要活下去。王健林再也坐不住了，身为一名创业者，他必须走出去，为大家找活干。思来想去，他只能去找主管城建的副市长和规划局长，几乎是以一名乞求者的姿态，请求领导为自己的公司批一些零散的项目。只要有钱赚，能吃饱饭，他什么活都不挑剔。

领导被王健林诚恳的态度打动了，可是作为一家刚刚成立的新企业，万达不可能拿到搞大型建筑的指标。政府手中刚好有北侧的一片棚户区找不到企业愿意开发，成熟的企业都知道这是一笔赔钱的买卖，王健林考虑再三，决定咬牙把这个项目接过来。

那是一片环境十分恶劣的棚户区，居民们还都以大院的形式群居，每个院子里只有一个公用的水龙头和一个公用的厕所。厕所还是老式的旱厕，需要定期掏走粪坑里的大粪，每次掏粪，整个棚户区的上空都弥漫着令人作呕的气味，一连几天都散不去。

对于刚刚成立半年的万达来说，这并不是一个雪中送炭的项目。

开发这片棚户区，首先需要大量的资金，而万达在最开始时只是一个连注册资金都没有的小公司，公司账面上仅有的钱，还是王健林用担保借来的一百万，扣掉利息后，实际到手的只有五十万元。

凭着初生牛犊不怕虎的精神和多年侦察兵生涯锻炼出来的毅力，王健林接下了改造棚户区这个"烫手的山芋"。

虽然有三家成熟的建筑公司已经详细测算过这是一笔赔钱的买卖，可是王健林心中已有了打算。

他要创新，做别人没有做过的事，而创新是需要勇气的。

这恰好是王健林的优势，他向来胆子大，三十出头的年纪，还不算老，依然敢闯敢拼。接下改造棚户区的项目后，他请来几位建筑行业的专家，计算改造这片棚户区需要的成本。

专家给王健林提供的数字是一千二百元每平米，在当时的大连，这注定是一笔赔钱的买卖，因其最高房价也不过一千一百元每平米。

整个公司的人都陷入了沉默，空气似乎在凝重的氛围里凝滞了。没有人愿意率先开口打破这个沉默，等了半年，等来的却是一笔赔钱的生意。

大家有些失望，甚至有人暗暗埋怨王健林，为什么要带着大家做这件吃力不讨好的事情。

王健林率先打破了沉默，并且一开口就震惊了所有人，他说："卖一千一百元赔钱，咱们卖一千五、一千六，不就挣钱了吗？"

震惊过后，大家一致认为，王健林一定是伤心糊涂了。一千一百元每平米的房子都不见得有人买，更何况这么贵，简直是天方夜谭。

可是王健林做到了，普通的房子自然不值这么多钱，那么高端的房子呢？总有一些对生活品质有要求，经济能力也允许的人，想要住上稍微好一些的房子吧？

王健林尽管胆子大，却不会蛮干。他先做好了市场调研，确认了高品质的房子的确有一定的市场。那么，接下来的事情，就是用尽全力，让万达的房子和别人的房子不一样，比别人的房子更高端、更有品质。

别人的房子没有客厅，只有过道，万达的房子就设计一个宽敞明亮的明厅；别人的房子没有洗手间，万达的房子就在每户房子里都建造单独的洗手间；别人的房子都是木窗，万达的房子就用从来没有人用过的铝合金窗；别人的房子只有木头门，万达的房子就率先安装安全又漂亮的防盗门。

这样，虽然建筑成本提高了一些，但是比起每平方米的售价，却有大大的利润空间。

房子盖好了，接下来要做的就是怎么让大家知道万达的房子好，怎么把房子卖出去。早就过了酒香不怕巷子深的年代，单纯的吆喝、叫卖已无法吸引消费者的注意力。

王健林再一次做出一个大胆的决定：赞助香港电视剧。

20世纪80年代末、90年代初，正是香港电视剧风靡的年代，几乎每一个中国人每天晚上黄金时间的固定业余生活，都是坐在电视机前看香港电视剧，那么这些人一定会看到电视剧里出现的广告。

王健林经过与电视台的沟通，在其中一部香港电视剧的开头和结尾插播了万达楼盘的广告，一夜之间，万达的房子好，便成为大连百姓皆知的"秘密"。

改造棚户区后，万达一共建起了一千多套房子，广告播出后的一个多月时间里，一千多套房子竟然销售一空，每一套房子都卖到了一千六百元每平方米的高价，光是这一个项目，万达就创造了近千万元的净利润。

王健林在房地产行业创造了一个销售神话，这一切都归功于他的魄力和勇气。如果他在其他公司都断定亏本的情况下畏缩不前，那么万达也许早已经从这个世界上消失了。

因此，想要创业，就不要有过多犹豫，敢想加敢干才是根本。但是，在创业之前，也要问一问自己，是不是真的有面对失败的勇气，如果没有，最好放弃创业的念头。

在管理学中，创业是一个单独的学科。创业者必须善于发现别人看不到的机会，并且迅速采取行动，牢牢地把握商机，这样才能将商机变成真正的财富。

其实，识别商机，也有一定的技巧和规律可循，其中最常见的一个技巧叫做"先前经验"。管理学中也将其称为"走廊原理"，它是指创业者在创业过程中，会积累一定的经验，这个创业的旅程如同行走在一个走廊里，因此创业者就会比置身行业之外的人更了解自己所从事的行业。

除此之外，认知因素、社会关系网络、创造性也是识别商机的重要技巧，身为创业者，更要做好自身的知识准备、能力准备、市场调查和自我分析，明确市场的需求以及市场上未充分使用的资源和能力，从而有所发现和创新。

2. 跟别人做不一样的事

跟别人走不一样的路，才能看到和别人不一样的风景；跟别人做不一样的事，才能体会到别人体会不到的经历与成功。

没有人可以为成功下一个准确的定义，成功的方式有千种万种。敢做别人不敢做的事，哪怕最后的结果是失败，可你至少在体验的过程中拥有了一个成功的人生。

没有人可以对你的人生指指点点，更没有人能为你找出成功的捷径。总有一些所谓的成功人士喜欢大张旗鼓地推销自己的成功经验，也许他们的确在某个领域取得了成功，但你要记住，所有的成功都有它的特殊性，人不可能两次站在同一条河水里，更不能完全照搬别人的成功经验，就像王健林曾经说过的："万达发展到今天，就是敢想别人不敢想、敢做别人不敢做的事。"

万达的每一次成长，都是在敢于喊出全新的口号，并拼尽全力将口号变为现实中完成的。1995 年，王健林喊出了"消灭合格工程"的口号。这个口号乍一听让人感到诧异，合格的工程为什么要消灭呢？然而，只要明白口号的全部内容，每个人都会恍然大悟。口号的全部内容是："万达集团消灭合格工程，保证全优工程。"

万达要的不是"合格",而是"全优"。在当时,许多房地产集团就连"合格"的标准都很难保证,"豆腐渣"工程一次又一次出现在各大媒体的头条,那时只要能买到质量稍微"靠谱儿"的房子,业主就已经谢天谢地了,在这种情况下,万达喊出"保证全优工程"的口号,无异于在地产行业投下了一颗重磅炸弹。

成功路上最重要的是什么?就是敢于不跟在别人的后面人云亦云,敢于做第一个吃螃蟹、走在队伍前列的人。然而,并不是每个人都有这样的勇气,因为这意味着要承担更多的责任。

"责任"两个字看似简单,可一旦背在身上,却有千钧的重量。口号不是用来喊的,既然喊了,就要做到。王健林的确做到了,他成功地完成了对自己的挑战,之后,他想到的不是庆祝,而是对自己提出另一个更加严峻的挑战。

1996年,王健林再一次挑战自己,也再一次挑战自己带领的万达集团。这一次,他在原来的口号上"加码",从一个口号变成三项承诺。

王健林提出的三项承诺是:"第一,保证住房不渗不漏,发现渗漏赔款三万元;第二,保证住房面积不短缺,跟产权证面积一样,如果发现面积短缺,缺一平方米,赔三平方米的钱;第三,新房入住六十天之内,业主可以随时退房,保证全额退款。"

这一次,万达不仅将"保证工程全优"的口号进行了细化,更将口号背后的责任勇敢地背在了身上。一旦做不到,万达将为业主提供相应的补偿,不得不承认这是一个大胆的举动,也是一个注定会在房地产行业掀起巨大波澜的举动。

对房屋质量有疑虑的消费者实在是太多了，万达的三项承诺无异于给大家吃了一颗大大的定心丸。万达不出意料地收获了来自消费者的掌声，也收到了来自同行业竞争者的批评。

的确，每一次做别人不敢做的事，就必定会受到各种各样的评价，有人赞扬，自然也会有人批评。不过，你要记住"狐狸吃葡萄"的故事，吃不到的葡萄永远都是酸的，批评你的人，是因为他们没有信心做到和你一样好。

在同行业竞争者的批评声铺天盖地袭来时，王健林依然保持着军人的坚忍与毅力。时间是检验成功与否的最好方式，那些骂王健林骂得最狠的企业，大多在时间的长河中销声匿迹，万事万物总有标准，不合乎标准的就注定被淘汰。事实证明，万达提出的三个标准极大地迎合了买房者求稳妥、求安全的心理，万达的楼盘一下子在市场上打开了局面，同时也将房地产行业的质量标准提升了好几个台阶。

房地产行业一直以来的负面形象就这样被万达集团改善了，当初肆意谩骂王健林的那些企业应该感谢他做出了一个好的表率，让他们在面对消费者的询问时，可以不用再闪躲。

王健林并不急于大张旗鼓地宣扬这"三项标准"，他耐心地等待，相信消费者之间的口口相传胜过商家在媒体上打一万次广告。每一个真理都有被接受的过程，万达的"三项标准"从提出到被消费者广泛认可，也经历了整整四年时间。

认可万达集团的不仅有消费者、政府机构，还有代表建筑行业最高标准、最权威发言权的中国建设部。

2000年3月，大连市政府在下发的红头文件中，号召全市所有企业学习万达集团敢于承诺、敢于严格要求自己的经验。

2000年6月29日，一场表彰大会在北京人民大会堂隆重召开，这是由建设部主办的表彰大会，表彰的主角就是万达集团。这是自新中国成立以来，建设部唯一一次召开全国性的会议，专门嘉奖房地产企业。当时的建设部部长俞正声也出席了该会议，万达集团销售放心房的经验和事迹，就这样在万众瞩目之下，被推广和传播开来。

无论做任何事都要记住："没有什么不可以。"只要你敢想，就可以将想法变成现实。不要在乎你的想法是否曾经有人验证过，重复别人已经做成功的事情，就等于是在嚼别人嚼过的馒头，也许可以吃饱，但一定毫无滋味。

成为全国第一家搞旧城改造的企业之后，万达逐渐发展成为一家年销售额二十多亿元的企业。这种状况一直维持了两三年，对于王健林来说，利润维持不变，就意味着企业没有继续向前发展，没有发展，就会被淘汰。

于是，王健林再一次做出一个别的企业家从未做过的决定：走出去。

20世纪90年代初期，广州以飞一般的速度发展成为中国一级的省会城市。在当时，许多北方人一生都没有出过远门，几乎是中国最南端的广州，对于他们更是一个如同新世界般的未知领域。

也有人选择到广州打工，不过大多是在工厂中做工人，或是成为从广州批发小商品或服装到其他城市去销售的"倒爷"，几乎没有一家企业想过，把自己的公司拓展到广州去。

王健林想到了，广州对于他来说虽然陌生，他依然义无反顾地选择了南下，再一次尝试别人没有做过的事情。

王健林在广州成立了一家公司，虽没有建设指标，但这已难不倒他，他可以借别人的指标来做项目。

决定去广州开公司的想法是大胆的，也是经过深思熟虑的。就像刚刚成立万达时一样，任何一家企业都不会在一开始就赚到大把的钞票，甚至还有可能要面临一段时间的亏损，如果单纯抱着去广州捞金的心态，很可能会铩羽而归。当时的广州虽遍地是黄金，但并不是每个人都有捞到金子的运气与能力。

王健林做好了一开始就亏损的心理准备，但幸运的是，第一次在广州开发项目，他就赚到了钱。和从前的项目相比，这笔利润并不算多，却极大地鼓舞了王健林和他团队的士气。

有了在广州的成功，王健林便开始尝试着让万达向中国各大城市进军，进入中国最前沿的城市广州都没有那么困难，进入其他城市还会难吗？直到如今，万达已进驻中国六十多个城市，成为中国房地产企业跨区域城市最多的企业之一。

勇气这个东西，可以激励自我并会越积越多。有了迈出第一步的勇气，就会激起更多的勇气继续前进。商场如战场，它不是给懦弱的人准备的地方，也不是给只会千篇一律，不懂得创新的人准备的地方。在战争时，如果只会一种打法，很快就会被敌人分析透彻，找出破解的方法。商场也是一样，如果企业只用一种模式去经营，总有一天会被消费者厌倦，也会在越来越激烈的商战中败下阵来。

要说做别人没有做过的事，身为房地产企业的万达进军影院行业，不得不说是一次创举。

其实，创办万达品牌的电影院，是一个被"逼上梁山"的决定。王健林原本是要从事万达房地产的老本行，建造电影院，再租给国外的影视集团，踏踏实实地做房东，收租金。可惜这一跨国合作没有审批下来，国内又没有如此有实力的影院机构，王健林只好硬着头皮自己来做。

事实再一次证明，不逼自己一次，就不知道自己有多大的能力。安安稳稳地收租金的确是风险最小的经营方式，可是王健林没想到创办影院品牌，收获的利润更加可观，当年就实现了盈利，并达到同行业的三倍。紧接着，万达品牌的影院就开始如同洪水一般在各大城市蔓延。

王健林又成为第一个吃螃蟹的人，知道了螃蟹的鲜美滋味，就有了更多的勇气挑战其他的品类。于是，万达从创办影院品牌，又逐渐开始成立演艺公司，成为美国最优秀的演艺公司弗兰克公司的合资伙伴，把各种各样的秀做到了中国赌城澳门和美国赌城拉斯维加斯。

创新，听似老生常谈，却已成为永恒不变的真理。没有改变就意味着没有进步，就意味着一步步走向死亡。房地产行业与文化产业似乎风马牛不相及，可王健林就是把两个完全不沾边的行业自如地同时掌控在了手中。

进军文化产业，并不是万达第一次尝试跨领域经营。早在2000年，王健林就已经决定向收租物业的方向发展。

每一次改变，都有一个极具推动力和诱惑力的初衷。王健林决定让万达向收租物业领域发展，是因为他想给跟着自己打拼了多年的老哥们一份更加稳定的收入。

身为创业者，最怕的就是心态过于稳定，但是一定要有给自己的员工稳定生活的责任心。员工只有收入和生活稳定了，才会更加踏实地跟着企业一同奋斗，企业才会不在原地踏步，朝着更高的巅峰攀登。

经过一连三天的会议，王健林和公司的高层达成了一个共识，收租无疑于是风险最小、利润最稳定的方式之一。作为房地产公司的万达，有着建造收租物业得天独厚的优势，王健林又为这个计划定了一个远大的目标：要做就要做大，做世界五百强企业的房东。

这并不是一个盲目的愿景，无论把物业租给谁，万达都有着房东的身份，也能赚到作为房东应有的利润。可是租客是谁，决定了房东利润的高低与是否稳定。让世界五百强企业做自己的房客，意味着房租不会面临随时中断的风险，回收的现金流也就得到了保障。对于一个企业来说，充裕的现金流是资金链的关键，王健林不会容许自己冒着现金流中断的风险，随便把物业租给不靠谱的企业。

此时的王健林已经成为一名成熟的房地产家，懂得规避一切企业发展中的风险。他选择了先招商，再设计，再建造的方式，保证物业的每平方米面积在建造之前都已经有了主人，完全避免了面积浪费、空置的现象。

2005年，万达又提出了一个从没有人提出的概念，叫做"城市综合体"，在全球范围内，这一概念都属首创。在万达的"城市综合体"内，有公寓、住宅、写字楼、商业中心，甚至还有五星级酒店。可以说，生活在万达的"城市综合体"内，就等于生活在一个发达的城市中心，这里可以满足人的基本生活需求，从穿衣、吃饭、居住，再到工作、休闲、娱乐，都可以在"城市综合体"之内完成。

就这样，万达把"城市综合体"做成一个标准，尽管有其他房地产企业逐渐开始模仿，但依然是建立在万达创立的标准之上的，人们只要想到"城市综合体"，首先想到的是万达。这就是先驱者的力量，后来者哪怕做得再成功，都只是一个模仿者。

管理学中也曾提到，创业者必须具备一定的素质和能力，创新能力就是其中最重要的一点。跟别人做不一样的事，归根结底就是创新。如果按照字面意思进行解释，创新就是以现有的思维提出有别于常规的思路，改进或创造新鲜的事物、方法、元素、路径、环境，并且能取得有益的效果。

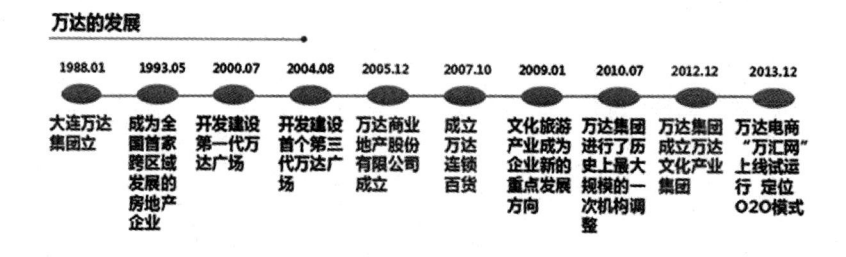

万达的发展

1988.01	1993.05	2000.07	2004.08	2005.12	2007.10	2009.01	2010.07	2012.12	2013.12
大连万达集团立	成为全国首家跨区域发展的房地产企业	开发建设第一代万达广场	开发建设首个第三代万达广场	万达商业地产股份有限公司成立	成立万达连锁百货	文化旅游产业成为企业新的重点发展方向	万达集团进行了历史上最大规模的一次机构调整	万达集团成立万达文化产业集团	万达电商"万汇网"上线试运行 定位O2O模式

万达帝国发展历程

因此，创新的根源是思维，而创新的举动则是将思维进行了物化。只要人类想要发展，就离不开创新，创新的重要性不只体现在创业，在经济、技术、社会等领域也有着极其重要的作用。

3. 卓越企业是有DNA的

没有任何一家企业可以无缘无故地成为国内乃至世界知名企业，这些企业总是有比其他企业更出彩的地方，且不止一两处，在企业的经营过程中，只有每个方面都比别人领先，才能形成一股合力，让整个企业变得更加卓越。

每一个成功的企业，将生产、经营、管理过程中的优势提炼出来，形成一条完整的基因链，这便是最优秀的企业DNA之一。就如同DNA可以复制一样，成功企业也是可以复制的。

在卓越企业的DNA中，拥有一名具有远见的领导者，无疑是重中之重。

在其他企业还忙着守住自己的"一亩三分地"时，王健林已带着自己的团队扩张到广州这片人生地不熟的土地，并且在这里牢牢地站稳了脚跟。他早就意识到，企业要发展，就要走出去，让自己的底盘不断扩张，让全中国乃至全世界都知道万达这个品牌，并知道"万达"两个字代表着高品质。

事实证明，王健林是成功的，他的确是一位具有远见的领导者，他总能看到万达未来五年、十年甚至二十年的发展前景，并在未来到来之前做好准备与铺垫。

如果说成立万达影院是一个被"逼上梁山"的举动，那么创立"城市综合体"则完全迎合了中国城市未来发展的趋势。中国的发展越来越快，人们似乎也变得越来越忙，除了去别处旅行，恨不得生活中的一切事情都能在一个较小的范围内完成。于是，万达的"城市综合体"一出现，人们一下子就爱上了这种新型的建筑群体。

人们可以将这里当做自己的办公地点，也可以选择在离办公地点最近的地方居住，出门就可以购物，到处都提供美味可口的食物，一日三餐能很好地解决，并且不需要将大把的时间浪费在路上，可谓一举多得。

王健林曾说："在所有的创新当中，我自己觉得，商业模式的创新是最重要的，比技术创新、管理创新等要更加重要。卖咖啡，大家都卖咖啡，但是我把它做成标准化，一个招牌，一个口味，就成了星巴克。制作汉堡很简单，但是你把它标准化，再加上管理和组织模式，就成了麦当劳。所以同样做一样东西，你把商业模式和组织模式的再造创新研究好了，竞争优势就有了。"

每一位经商者都把顾客当做"上帝"，因为顾客就是"衣食父母"，他们决定你是否能吃饱饭，是否能吃得更好一些。

人们都知道顾客是"上帝"的道理，但有很多人只是把这句话挂在嘴边，将顾客的需求与感受放在一旁。

于是，"以顾客为导向"就变成卓越企业的又一个DNA。万达渐渐成为一家成熟的房地产企业。王健林意识到，企业能够给消费者的，不应该仅仅是最好的，还应该是消费者最需要的。

在建立"城市综合体"时，万达就时刻将消费者的需求放在第一位。开始设计前，就充分征询顾客的意见，让其提出自己的心理期望，根据这一期望去设计，令顾客满意后，再进一步合作。这样，万达的"城市综合体"建造完成后，虽不是世界上最一流的，但却是万达的顾客最满意的。

2003年万达为沈阳太原街商铺的业主集体退铺的事件，无疑成为房地产企业"以顾客为导向"的典范。

当年的万达集团，对商业地产的特点和规律还不十分熟悉，只是凭借着良好的期望与愿景，在沈阳太原街投资建设了一个万达广场，建了三百多间用于销售的商铺，并认为只要把商铺销售掉，就是商业地产的成功。

即便是行业翘楚，也有犯错误的时候。当时的万达，就犯了一个严重的错误——将一切都想象得太过美好。事实也的确如此，三百多间商铺很快就销售一空，销售额达到6.1亿元。

然而，万达认为的成功，却恰恰是作为商业中心的万达广场最大的失败。这一批商铺在设计上具有先天的缺陷，买到商铺的业主没有赚得盆满钵满，反而要面临没有顾客上门的凄凉境况。

万达不能眼睁睁地看着自己建造的商铺没有顾客上门，于是聘请招商团队，替业主策划揽客方案，进行小规模的改造来补救。这样不遗余力地折腾了几年，但进入商铺购物的消费者依然寥寥无几，购买商铺的业主几乎面临血本无归的境地。

这一次，王健林做出一个让所有人瞠目结舌的决定：给业主退铺，拆除重建。

他的这一决定让购买商铺的业主减少了损失，却让万达付出了不小的代价。三百多间商铺全部回收完毕后，万达的账面上支出了十亿的资金，相比当年卖掉商铺入账的 6.1 亿，万达亏损了近四亿。

只有严格要求自己，敢于为顾客负责的企业才能做出这样惊人的壮举。王健林不仅用十亿保住了业主的利益，也为万达换来了多少钱都买不到的信誉和口碑。

在别人看来，退还商铺花了十亿的代价，但在王健林看来，这收获了人们对万达的称赞和信任。只有对顾客负责，才能堪称行业领袖，王健林认为不能因这三百多间不合格的商铺而让人们对万达指指点点。

对一个人来说，"做好当下"，应踏踏实实地走好每一步，可对一个企业来说，只着眼于当下，无疑是把自己逼到了死胡同。没有任何一家企业不想有长远的发展，小企业想做大，大企业则想做得更大、更强。

王健林曾说："并不是企业只有 5000 亿或者到很大规模时，这个企业才有很好的经营。我一直讲一句话，卓越企业一定有 DNA，什么叫 DNA？就是基因，就是生长出来的时候，这个公司基因就决定它可能长为卓越企业。"

不是只有发展成大企业，才能成为优秀的企业；也不是作为小企业时不优秀，发展成大企业后自然就会变得优秀。之所以说卓越企业是有 DNA 的，是因为它在诞生的最初就有成为大企业的情怀和志向，而这情怀和志向则成为它成功的推动力。

许多世界五百强企业也都是从小企业做起来的。无论是比尔·盖茨，还是李嘉诚，都曾有过企业在生死边缘挣扎的经历。比尔·盖茨将一个在车库里诞生的小型实验室，创立成如今的微软集团；李嘉诚从一个摆地摊卖塑料花的小商贩，成长为包括记黄埔和长江实业在内的商业帝国的掌权者。

同样，万达也是从一家连注册资金都拿不出来的小企业，一步步成长为如今拥有商业地产、高级酒店、文化产业、连锁百货、旅游度假区五大产业的大型集团。

其实，立志成为大企业，就是一家企业对未来发展的愿景。放眼未来，也就是卓越企业的DNA之一。

如果你是一名独立创业者，只拥有一间小小的店面，或者连经营的实体也没有，公司只有你一人，你既是老板，也是员工，那么你暂时不需要具备企业管理的能力。然而，但凡你的手下有一名员工，或者你期望你的店面或是企业能朝更大规模发展，那么你必然要培养自己的管理能力。

如今已不是凭人情、凭面子、凭友谊、凭交情管理员工的时代，创新的管理方式已成为优秀企业必须拥有的DNA。

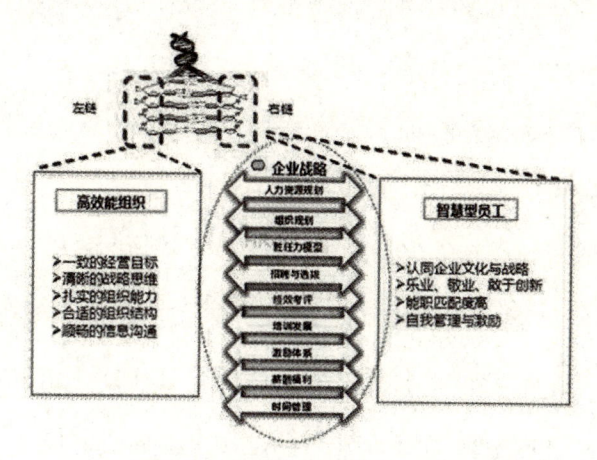

卓越绩效 DNA：组织与员工的双向激励

　　拥有九万多名员工的万达集团，也曾经面临过如何有效对员工进行管理的问题。队伍越大越不好带，军人出身的王健林喜欢将企业当做部队，可有时对待员工却不能像对待部队里的军人那样管理。

　　部队是个纪律严明的地方，很少涉及彼此的利益。企业则不同，虽然同样需要严明的纪律和适当的情感激励，但每一个来到企业工作的人，最终的目的都是获得更好的发展，说白了，有了更好的发展，才能赚到更多的钱。

　　王健林意识到，想要充分调动起员工的积极性，让他们全心全意地为公司打拼，就必须在管理方式上进行创新，充分保证每一位员工都能赢得福利和利益。王健林决定依靠科技来管理公司。

　　在科技面前，单纯靠人和靠制度管理就显得不够专业，尤其是像万达集团这种有近 1/4 的资产都投资在海外的企业，人和制度的管理就显得有些力不从心。

于是，万达开始实行全面信息化管理，实现所有工作信息化，用中央智能化控制系统，将能耗、消防、人员、车辆的信息全部集中在一个平台上进行一键化管理，而具体的管理方式则完全是针对万达的实际情况量身定做的。

王健林曾经对全面信息化管理举了一个例子：当万达广场的探头检测到某个区域的温度偏高或者偏低时，就会通过智能化系统自动控制空调，对温度进行调节。这样既确保了消费者在任何时间和任何位置都能感受到最舒适的温度，也大大节省了人工成本和能源成本。

万达的全面信息化管理并非这么简单，其中最重要的功能之一，就是总部可以通过各地万达广场上传到平台的信息，了解各地的运营状况。小到每天有多少顾客光顾、销售额多少，大到施工现场的工程进展到什么程度，通过信息平台即可一目了然，大大提高了工作效率。

经营一家企业，不能时刻都在勾画未来的美好愿景，这样就等于是在画饼充饥，也是对现实的一种逃避。

如果一家企业在创办的最初，就能懂得基于企业的实际情况进行管理，那么这家企业就拥有了卓越企业的 DNA。

在创办万达的最初，王健林连一百万元注册资金也拿不出来，好不容易找到担保公司愿意为他做担保，银行却提出要先扣除利息，实际交到他手上的只有五十万元。

这等于一下子将公司的流动资金砍掉了一半，若是不同意银行的要求，连这一半也拿不到。基于现实，王健林没有犹豫太久便同意了银行的要求，也让万达成为一家有资质的建筑公司。

这是王健林经商以来做出的最大的一个决定，也正是这个决定让他懂得了，在遇到问题时，不仅要放眼未来，更要立足于根本。如果不是当时同意了银行的要求，很可能世界上就没有万达这个企业了，更不要谈未来与发展了。

曾经有人问王健林，他是怎样让每一个参与万达项目的合作商都有公平合作的机会的。王健林的答案是，他早在十年前就定好了规矩，如果是工程合作，只选择中国的建筑总公司，因为这样的公司不仅能够进行长期合作，更加能够保证工程的速度和品质。如果为了降低成本，选择规模相对小一些的公司，很可能对质量不够重视，如果想要在保证质量的同时提高速度，有时候还要对负责施工的工作人员提供额外的利益。

不过，王健林虽然是万达集团的首要领导人，但依然是个人，不是电脑，也不是机器。他只能尽量做到平等对待每位商业合作伙伴，因为与万达签订过合作协议的商家实在是太多，所以万达只能制定出一个标准、一个门槛，按照标准来选择什么时候该和哪家企业合作，或者能够给哪家企业怎样的合作优惠政策。

合作的最基本条件是合作双方平等、共赢。对于万达来说，每一个合作伙伴都是与其共同发展的，合作伙伴的利益也就是万达的利益。万达需要做的，不仅是要保证合作双方的共同利益，还应对每一个合作伙伴给予同样的尊重。

决定一个企业是否能成为卓越企业的 DNA 还有许多，就像王健林说的那样，这些 DNA 是与生俱来的，在企业成立之初，就已经可以判断出它是否能成长为一家成功的企业。创业者是企业的孕育者，企业的一切基因都源自于创业者的头脑，只有认清了这些优秀 DNA 的重要性，才能为企业的未来找到方向，为企业的发展打好根基。而认清这些，比任何一个所谓成功大师提出的成功理论都更加重要，也更加实际。

卓越绩效 DNA 可以用公式进行表示：卓越绩效 DNA= 企业战略★（高效能组织 + 智慧型员工）

一个高效能的组织必须具备以下特点：一致的经营目标、清晰的战略思维、扎实的组织能力、合适的组织结构和顺畅的信息沟通。

智慧型员工必须具备以下特点：理解并认同企业文化和组织战略，乐业、敬业、敢于创新，熟练掌握工作技能与专业知识，在合适的岗位做合适的事，能进行自我管理、自我激励与情绪管理。

4. 九死一生的决心和勇气

"风险"是大多数人都在逃避的两个字。企业经营更是如此，没有风险，一定不会亏本，可是有了风险，一旦成功则会赚得盆满钵满。

如果不是从事风险投资行业，相信任何一家企业的领导者都不会主动向风险挑战，可王健林却偏偏是一个喜欢险中求胜的企业家。

敢于向风险挑战，就必须拥有九死一生的决心和勇气。军人出身的王健林，绝不甘于活得平庸，他选择的人生之路，一定是穿过荆棘丛，蹚过沼泽地之后，向着最美的风景走去。这样的勇气，就叫做"向死而生"。

并不算富裕的童年生活，磨练了王健林的毅力与耐力。王健林是家中长子，下面还有四个弟弟，自从懂事起，他就是一个独立、有想法的孩子。同辈人一定都能理解，在那个年代，一个普通家庭要养活五个男孩子，要面临多大的困难和多大的付出。

父亲王义全整天都在忙森工局的工作，不是负责发放与工资有关的工作，就是负责发放办公用品。母亲秦嘉兰除了忙活自己的工作以外，还要照顾家里的农活和几个孩子。

作为长子的王健林，顺理成章地分担了母亲的一部分责任。自从他的身体能够承担起一些家务和地里的农活时，就挑起了家庭的部分重担，当别的孩子还在外面无忧无虑地疯跑玩耍时，同样也是个孩子的王健林却俨然扮演起"小家长"的角色。

白天，他带着四个弟弟在地里干农活，为了调动弟弟们的积极性，不为偷懒找借口，他以身作则，在干农活时最卖力。

到了晚上，大人们依然在外面忙碌着，累了一天的王健林也不能闲着，他需要照看弟弟们写作业。

王健林虽然是个早熟的孩子，但他毕竟是个孩子，也有着孩子的调皮，不过，他的调皮里有着一份不喜墨守成规的特立独行。

在王健林的家乡四川有句老话："循规蹈矩在屋里头的娃娃没出息"，他从来不循规蹈矩，甚至还是个不安定因子，正因为他成熟、稳重、思路清晰、鬼主意多，孩子们对他有一种莫名的崇拜与信任，喜欢把他当做"孩子王"。

那个年代的男孩子，根本没有什么精致的玩具，他们最常玩的就是追逐、打闹、爬树、捉迷藏、玩沙子这些不用花钱的游戏。别的孩子只会全情投入地疯玩，王健林却是一个懂得思考的孩子。他总是用自己善于理性分析的头脑，带着孩子们在和其他孩子的游戏中赢得一场又一场胜利。

就在王健林去吉林当兵之前，母亲专门叮嘱他一定要当"五好战士"，争取超过父亲。王健林是带着母亲的嘱托来到部队的，这句叮咛也成为他在部队艰苦训练中无尽的动力。

1971年的初春，王健林来到吉林省集安市鸭绿江边大山深处的军营。刚刚走出四川金山县原始森林的王健林还不满十八岁,他与众多来自东北的高大健硕的新兵们站在一起,显得有些瘦小。可是当班长走到王健林面前,问他愿不愿意当一名侦察兵时,王健林回答的"愿意"两个字比任何一个人都要响亮。

王健林知道,这是命运赠送给他的又一个机会,他必须牢牢抓住。原本能当上兵,就已经被王健林当做命运的恩赐,因为那是一个依然讲究"成分"的年代,母亲秦嘉兰是地主成分,这样家庭出身的孩子是没有资格通过当兵审查的,还是父亲四处求人,一直求到老家苍溪县的一个熟人,才帮王健林争取到一个名额。

当时部队发下来的军装并不合体,每一件衣服穿在王健林身上都肥大得有些滑稽。但是,无论是不合适的帽子还是皮鞋,他都不在意,他把全部精力都投入到新兵训练的挑战上。

侦察兵是一个辛苦的兵种。在当兵之前,王健林就已经对未来的艰苦生活做好了心理准备,他甚至专门读了一本叫做《死亡学》的书。

如果一个人连死都不怕,那么活在这个世上,就没有任何困难会把他吓倒,也没有任何困难无法逾越。

这本书在王健林的军旅生涯中给了他无限的激励,直到经商之后,每次遇到困难和挑战,只要想到这本书中的内容,一股向绝境挑战的勇气马上就会被激发起来。

东北的冬天,一片茫茫雪原。南方出生、长大的孩子很少能见到雪,来到东北的王健林,第一次看到如鹅毛般的大雪纷纷扬扬地落下,将整个大地与高山装点得一片银白时,也曾有过同大多数南方孩子一样的兴奋劲儿。不过，很快，这股兴奋劲儿就荡然无存，因为他即将面临在零下二三十度的严寒中训练的挑战。

在集安，每到十一月，便是大雪封山的季节，但部队到荒郊野地里拉练的传统，无论任何季节、任何天气都不会改变。作为侦察兵，必须具备极强的身体素质和极强的适应环境能力，在冰天雪地里拉练就是对这两种能力最好的训练方式之一。

拉练的方式简单而又枯燥，就是在茫茫雪原上不断地行走，这是对体力、耐力与意志力的极大考验。

走路对王健林来说并不是难事，他在森工局做烧炭工人时，每天上班、下班都要走一个多小时的山路。在马尔足林场上班时，十公里左右的路程大部分都要靠步行来完成。那时，王健林要先沿着公路走三四公里到沟口，再爬过三四公里的山，这一趟下来至少需要四个小时，如果运气不好，中途搭不到顺风车，剩下的路全要靠行走来完成。

而在部队拉练的过程中，不仅要面对雪地里严寒的考验，还要背着被褥、枪支和军需物品，加起来有十几公斤重。

在那时，东北的雪原偶尔还会有野兽出没，它们在冰天雪地里找不到食物，便会攻击行人。为了避免当地的百姓和牲畜被野兽伤害，人们会在雪地里隐蔽的地方设置捕兽的陷阱，只有熟悉地形的人才能看出陷阱的标记，这些来雪地里拉练的年轻士兵，很可能一不留神就会掉进陷阱里。

王健林跟随部队在雪地里常常一走就是七八十里，寒风迅速消耗掉身体里的热量，常常是还没有走到终点，人就已经饥寒交加。

在部队里吃饭也要花点小心思。王健林每次都是先盛半缸饭，这样一定就会比盛满一缸饭的人吃得快，然后再飞快地跑到盛饭的地方盛满一缸饭，这就等于吃了一缸半的饭，就一定能吃饱。

这是班长偷偷教给王健林的"秘诀"，也是从那时起他懂得了，即便不做坏事，有时也要动动脑子、耍耍小聪明。

部队的训练虽然艰苦，却并不是没有人性。在拉练的途中，会有汽车一直慢慢地跟随着部队，如果有走不动的战士，可以到车上休息，但是会失去评优的资格。每到累得走不动时，王健林就会想起母亲的话："一定要当五好战士，争取超越父亲。"因此，无论再冷、再累，王健林也会咬牙走完剩下的路程，他从母亲的话语中汲取了力量，成为完成夜晚拉练的四百名战士中的一员，而参加拉练的全部战士有一千多人。

每当回想起这段时光，王健林都会感谢部队给了自己这样一次与意志做较量的机会，短暂的拉练生活给王健林未来的人生带来了极大的影响，也让他知道了世界上没有凭借意志和努力克服不了的困难。

如今的王健林是全中国乃至世界知名的富商，却很少有人知道，他如今的富贵是用一次次失败换来的。有人天生富贵，而王健林的富贵来自于"失败"与"风险"。

他喜欢让自己的人生充满挑战，回首他过往的经历，从林场工人到部队士兵是一次挑战；从军旅生涯走入仕途是一次挑战；而从已经熟悉并能发挥自己特长的政府机关岗位到下海经商，则是他人生中最大的一次挑战。

就在王健林成功地完成棚户区改造工程，赚到人生中的第一个一千万时，万达公司在名义上还是一家国有企业。当时公司的名称并不是"万达"，而叫做"西岗区房屋开发有限公司"。

顶着国有企业的名义，公司能得到政府提供的各种有利机会，公司业务越来越多，发展也越来越快。然而，公司发展得越快，国有企业的种种弊端也变得越来越明显，尤其是体制方面的弊端，让王健林感觉到公司的发展陷入一个瓶颈，就连他自己也陷入不能完全做主决定公司事情的境地。

当时的国有企业，无论是录用员工还是辞退员工，都要得到劳动局的审批才能入职。如果是干部岗位的人员，则要经由人事局统一进行管理。王健林发现，自己身为一个企业的领导人，竟然没有录用和辞退员工的权力。

一次，王健林发现公司中有两名司机不服从管理，屡次劝说无效，就萌生了将他们辞退的想法。没想到这两名司机听说自己将被辞退，竟然理直气壮地找到王健林，说他们是公司的正式职工，想要开除他们，王健林没有这个权力。

除了在人事权方面感到掣肘，在制定公司制度的权力方面，王健林也只是一个"摆设"。为了改变公司在他接手时还是负债累累的情况，王健林深入实际考察，又针对具体问题提出了一系列制度调整的方案，可是国有企业的制度调整并不是想变就能变的，还有重重关口作为限制，拖到最后，调整制度的事情只能不了了之。

这些都是让王健林决定为企业改制的诱因，而真正让他决定采取行动的，是他发现，自己连根据员工的贡献来对员工进行奖励的权力都没有。

那是一个"五一"假期，公司的业绩已经达到一个可观的数字。王健林决定，借着过节的机会，给公司辛苦了许久的员工一些福利。说是福利，严格来讲，只能算是给员工的一点小小奖励，因为平摊给每个人的奖金不过二百元钱。王健林把这笔钱当做员工的旅游经费，同时也是公司的一点心意，让员工趁着假期放松一下。

原本是一件为员工谋福利的好事，没想到却不知道被谁举报给了大连市纪委，"五一"假期刚刚结束，王健林就接到了大连市纪委的处分通知，他被给予警告处分，还要在系统内部被通报批评。

王健林有些不理解，明明是为员工着想，又不是领导贪污受贿、以权谋私，为什么还要接受处罚？

可当时的情况就是这样，许多国有企业的制度权责不清、赏罚不明。而想要改变这样的弊端，似乎只有一种方式，那就是把国有企业改变成股份制公司。为了实现企业改制，王健林陷入深深的思考。他是一个行动派，却不是一个鲁莽派，他要仔细想清楚其中的利弊和风险，还要等待最佳时机。

最佳时机出现在 1992 年，那一年，邓小平的南方讲话推动了市场经济的发展，让中国加快了改革开放的步伐。同样是房地产企业的万科公司已经率先实施了股份制改革，成为股份制公司之后，万科员工的收入一下子就翻了将近二十倍。

王健林有些羡慕万科的成功，他对企业改制的渴望更加强烈，也拥有一个能让自己说了算的公司，也让自己的员工有更多的收入。

与率先一步发展起来的深圳特区相比，东北许多企业领导人的思想还相对保守。在当时，大连市有三个股份制企业的指标，可是当听说将国有企业改制成股份制企业，这些企业领导人想到的第一个问题是："失败了怎么办？"

如果有国家做后台，企业的风险一定可以降到最低，一旦脱离了国家，再也没有人会为企业的风险和失败买单。

只有王健林觉得，富贵应从"败"中求，总是害怕失败，不敢尝试，哪有成功的机会。听说其他企业都不肯进行股份制改革，他就主动找到领导，申请股份制改革。国家体改委和大连市体改委听说王健林主动申请，毫不犹豫地把其中一个指标批给了他。

摘掉了"国有企业"的帽子，王健林顿时感到浑身轻松。但是，他不敢一直轻松下去，因为从这一刻起，就意味着企业的成败，有一大部分责任要由他来承担。要把企业彻底改成股份制，还需要一大笔资金的投入，他动用各种关系筹集了一笔资金，"西岗区住宅开发有限公司"终于成为"大连万达集团股份有限公司"。

如果没有在风险和失败中求富贵的勇气和决心，也许当年的西岗区住宅开发有限公司早已不复存在。企业股份制改革让王健林再一次变成一个背好全部行囊的战士，在如同茫茫雪原般严酷的商场中开始了全新的征程。

在管理学中，创业者除了必须具备创新能力、策划能力、组织能力、管理能力、社交能力外，还要敢于冒险，善于捕捉商机，善于学习。

目前美国的一些大公司已经开始采用"冒险事业管理"，就是利用现有的内部资源作为开发手段,将开创新业务与经营现有业务的职责完全区分开。

采用冒险事业管理,可以产生以下几点好处:有助于实现公司的长期开发目标;有助于公司在新领域开展多样化经营;可以作为企业合并的一种主要替代手段;可以提高公司研发费用的支出效果;可以克服有碍于进入新业务领域的组织方面的限制因素。

第二章
征途：从零到五千亿

1. 模式的新与旧

任何一种模式，都会经历由旧到新的转变。一个企业在生存过程中要建立起许多模式：经营模式、销售模式、管理模式、招聘模式、采购模式等等。

模式改变，是因为整个社会都在改变，而社会改变的原因则是人在改变。

有时候模式的更新，不能满足消费者日益发展的需求，也不能满足企业内部和外部的发展，于是王健林想到了要为自己的员工和消费者创造一个全新的模式。

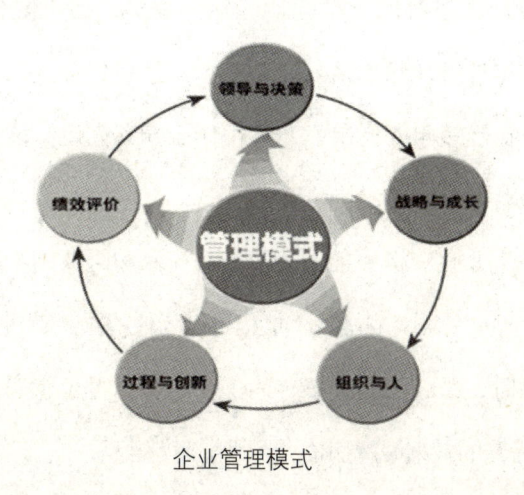

企业管理模式

最初让王健林动起创造新模式这个念头的出发点，是作为一名企业管理者对员工的责任心。

在2000年时，万达已经成为国内具有一定知名度的企业，越来越多的优秀人才愿意投奔到这里，寻求一片更广阔的天地。其中有从各大优秀企业中走出的人才，还有舍弃了政府机关的"铁饭碗"而主动要和王健林一起捧起"瓷饭碗"的人。再加上最初创立万达时与王健林一起打拼的兄弟，总共有几千个人成为万达的一分子。

王健林是军人出身，有着在军营中培养出的义气，只要是跟着他干的人，他就一定不会亏待。他不仅要对跟着自己干的兄弟负责，还要对他们的家人负责。

在万达的各项业绩蒸蒸日上时，王健林始终有着身为企业管理者的隐忧。之所以把民营企业叫做"瓷饭碗"，就是因为它具有不稳定性。一旦金融界、经济界或是国家的政策出现大规模的变动，企业的根基就可能在变动中产生不稳定性。

虽然万达在当时的年销售额已达一百亿，但王健林也不确定企业永远可以这样顺风顺水地发展下去。一旦遇到难关，或是没有生意可做，跟随自己多年的兄弟们，该用什么养家糊口？该怎么向家里人交代？

那是一个非政府机关工作人员没有社保和医保的年代，除了王健林，没有任何一个人，或是一个机构可以为他的员工负责。

刚好这时，跟随王健林多年的一名老员工得了重病，须每天打一种2000元一支的针来缓解病情，否则随时都会死亡。

想要维持生命，每天的医疗费就相当于一个白领一个月的工资，这一年下来的医疗费，对于一个普通家庭来说，简直是一笔天文数字。

王健林毫不犹豫地做出了继续治疗的决定，所有费用由万达承担，他认为，这是作为一名创业元老应得的待遇。

虽然治疗了一年多，依然没能挽回这名元老级员工的生命，但家属十分感激王健林，感激万达。这一年多的医疗费算下来，足足花费了一百多万，王健林认为用一百多万换回了一个人一年多的生命是值得的。

这次事件过后，王健林开始陷入深深的思考。人生总要面对生老病死，虽然不是每个人都会得上需要巨额医药费的疾病，可是如果在他们生病时，作为他们为之服务的企业，能够为他们提供一些保障，那不是很好的事情吗？

有时候，一些改变是在责任心的驱使下刻意发生的。就像王健林，因为员工生病，想要对经营模式进行创新，听上去这是两件毫不相关的事情，可是却有着必然的联系。

无论员工是否生病，都希望自己的生活得到保障；而员工所服务的企业，通过经营模式的改变，获得了更加长期、稳定的利润，因此才能在员工需要时伸出援手。

为了从旧模式转变为新模式，王健林带着集团高层连续开了三天会，想要讨论出一种长期、稳定的经营模式。

在王健林的鼓励下，高层们的创造力被打开了，有人说要进入医药行业，因为看病就医是每个人的必然需求，永远都不会被淘汰；有人建议王健林进入制造业，因为他已经有一个电梯厂、一个超市公司，还有一个变电站设备厂。可是思来想去，制造业最核心的就是技术，而万达并没有，与其他企业进行技术方面的合作，同样具有不稳定因素，一旦对方撤出或是双方意见不统一，制造业也同样难以长久维持。

然而，只要抱着解决问题的坚定信念，总会找到解决问题的最佳办法。整整三天的会议，没有人开小差，没有人混时间，群策群力地为万达找到长期、稳定的盈利项目。渐渐地，大家理出了头绪，电影中的包租婆看起来是最轻松的职业，每天坐在家里打打麻将、烫烫头发，到了月底就自动会有房客的租金进账。

这个观点刚被提出来，马上得到了所有人的认可。万达也可以做"包租婆"，只不过万达要出租的不仅是个人居住的住宅，而且是企业用来经营的物业，这种物业可以是用来办公的写字楼，也可以是用来销售商品的商场店铺，或者干脆将三者结合起来，一举三得。

关于未来走向的思路仿佛瞬间清晰起来，王健林更是为租客进行了定位：世界五百强企业和一流的国内企业。

王健林绝对是个行动派，全新的经营模式从诞生到成熟，再到实施，只经历了不到一年的时间，一栋包括六个购物中心在内的大楼就已经建造完成，王健林将这栋楼叫做"单店"。

一年多以后，万达又在"单店"的基础上建造了"组合店"，这一次是几栋楼组合在一起。

又过了近两年，万达终于摸出了一些门道。既然已经开始涉足电影院、超市和百货商店，为什么不把这几种商业模式结合在一起呢？于是，也就有了万达"城市综合体"的诞生。

万达就像一个孩子，从诞生时的懵懂逐渐走向成熟，每一次创新与改变都是它成长的标志，而促进他成长的因素则是人。

在传统的经营和销售模式下，企业更看重的是自己的商品，如何把已经生产出来的商品销售出去是企业的重中之重。从前，消费者因为没有太多选择的权利，只能被动地选择购买市面上现有的商品，但随着时代的发展，人们生活范围和视野的开阔，消费者开始有了属于自己的需求，希望能购买到更适合自己的商品。渐渐地，一个以消费者需求为导向的时代到来了。

企业不能再只顾着埋头生产自己的商品，而应该抬起头来，走出去，听听消费者内心的声音，了解他们真正想要什么。企业要做的不应是简单的生产与促销，而是为消费者量身定制他们更需要的产品，即便不能针对每个消费者量身定制，至少也要针对某一个群体。

万达"城市综合体"的出现，满足了大部分年轻上班族工作、生活、娱乐等方面的需要，也满足了年轻职业者求创新、成熟职业者或经营管理者求品质的心理。

但有时候，企业想要长久地发展，也不能一味地追求创新，有些模式不仅要"守旧"，还要一守到低，例如品质、诚信。

"老实做人，精明做事"是王健林在1988年创立公司时提出的口号。作为一名出生于20世纪50年代的人，王健林经历过大喊口号的年代，可他的口号却不仅仅是空喊，只要喊出来，就一定要实现。

在20世纪80年代末期，大多数的国人依然淳朴，也就是俗话说的

"实诚"，但也绝不是没有狡猾的人，更不是没有骗人的事情发生。

尤其是经营一家企业，更要时刻提防着上当受骗的情况发生，因为有些骗局很可能会毁了一个企业。

作为企业创立者的王健林不希望上当，他的顾客们也同样不希望上当。王健林从创业之初就打定主意，虽然不能保证让自己永远不受骗，但是永远不会去欺骗自己的顾客。

曾经有一个主管销售的副总对王健林说，可以用加面积的方式去销售房子。房子每增加一室，就多报一平方米的面积，因为在1989年还没有土地证和产权证的概念，更没有人真的去测量房屋的面积和尺寸。业主买房子，只凭地产公司提供的一纸合同，合同上说面积是多少就是多少。

他这是想钻房地产市场没有秩序的空子，还底气十足地告诉王健林别的房地产企业都这么做。

王健林勉强忍住愤怒，尽量平静地说出了"不行"两个字。做生意最讲究诚信，尤其是像房子这样的大宗商品，面积绝对不能虚报，该多少就是多少。

为了防止房屋在销售时的面积出现问题，王健林特意立了一个规矩：每个项目做两次面积验算。第一次由公司设计部算一次，并且签字为证；第二次由王健林委托设计院算一次，再由设计院签字证明。两个签字加在一起，也就等于为万达的房屋面积上了双保险，没有任何人再需要对万达房屋面积的真实性产生怀疑。

做到百分之百的诚信，是对传统经营模式的尊敬与传承，更需要企业有足够的勇气，要不怕付出，不怕吃亏。一旦获得消费者的认可与口碑，企业收获到的将是无穷无尽的品牌价值。

做房地产行业的人，最担心的就是建筑质量出问题，因为房屋是否安全，不仅关系着老百姓的金钱、住所，更关系着生命。

可是在房地产行业刚刚兴起的20世纪八九十年代，许多房地产企业和建筑企业却忽略了这最重要的问题，就连韩国这样以严谨著称的国家，也出现过因建筑质量不合格而死人的情况。

1994年10月21日上午7点40分左右，伴随着一声巨响，韩国首都首尔市连接着汉江南北两岸的圣水大桥中间一块长达48米的桥板忽然坍塌，正在桥面上行驶的一辆公交车和十几辆轿车纷纷从二十多米高的桥面上坠落，掉入汉江当中。这次汉江大桥垮塌事件造成三十多人死亡，几十人受伤。

当天王健林刚好在首尔出差，听说了这一事件，一名房地产经营者的直觉告诉他，一定是建筑质量出了问题。他不顾危险，专门花了两个小时时间在汉江边上走了几趟，仔细检查了六座桥的桥体。

果然不出他所料，这些桥都是在韩国经济建设初期建成的，也许是为了赶工，也许是为了节省成本，桥体的建筑到处都是密密麻麻的蜂窝状结构，懂建筑的人都知道，这是钢筋混凝土打得不严实造成的。

无独有偶，1995年6月29日，还是在韩国首尔，著名的三丰大百货伴随着一声巨响，从楼顶开始垮塌，502人在这次事件中死亡，900多人受伤。

巧合的是，三丰大百货倒塌的第二天，王健林再一次来到首尔出差，他亲眼见到三丰大百货董事长的全家被警察带走，后来听说这个董事长为了向韩国人谢罪，被迫捐出自己的全部资产。

一连两次建筑垮塌事件，给了王健林一个警醒。原来身为房地产开发者，要保证的不只是满足消费者的需求，更要保证他们人身和财产的安全。如果万达的房子也出现类似的事件，哪怕是自己被关进监狱，心中也一定充满对死难者的愧疚。

为了让万达不重蹈韩国的覆辙，王健林决定，一定要严抓万达建造房屋的质量。

严抓质量，并不是嘴上说说那么简单，就算企业制定了质量标准，施工单位在施工时也可能会为了利益偷工减料。

当时，虽然国家针对建筑行业出台了五个奖励等级，分别是国优、省优、市优、优良、合格，并且针对每个等级奖励一定的奖金，但没有哪家公司提出要严抓质量的概念。从事建筑行业的人都知道，国家奖励的奖金，与为了达到优秀所需要额外付出的成本相比，实在是杯水车薪，因此许多建筑企业宁愿不拿优秀，也不愿意多花钱。

从首尔回来，王健林就向施工队下达了命令，一定要建出达到市优标准以上的工程。工程队嫌不划算，王健林就拿出军人的豪爽告诉施工队，他给的奖金是国家给的奖金的五倍。

施工队的干劲一下子被激励了起来，再也不在施工材料和人工上玩猫腻。

工程如火如荼地进展着，评优结果是：一共八栋楼，四栋达到省优，四栋达到市优，其中还有两栋是当年辽宁省的样板工程。

全国"质量万里行"协会还破例为万达颁发了一个"优质住宅工程"奖牌，从那一刻开始，保证房屋质量已不再是万达为了获得奖励的目标，而成为一个基本保证。

所以说，企业在经营过程中，究竟采用新的管理模式，还是采用旧的管理模式，并不是绝对的事情，要因事而定，因企业而定。有些好的模式，要完好地传承下去；不能为企业和消费者带来利益的模式，要更新或舍弃；其中最重要的是，要保证消费者的利益，这也是一个企业能长久生存下去的根本。

在管理学中，管理模式的重要组成部分包括：管理方法、管理模型、管理制度、管理工具、管理程序。任何一家企业都离不开管理，因此也需要找到科学的管理模式。

首先必须对企业环境适用，这样才能为企业持续发展提供保障。

管理模式可以划分成以下几中类型：

第一，亲情化管理模式。也就是利用家族血缘关系提升企业的管理效力，不过这种管理方式并不适用于大型企业。

第二，友情化管理模式。这种管理模式只适用于创业的最初阶段，当企业的利润开始增长时，管理模式也必须随之进行调整，否则就会导致企业衰落。

第三，温情化管理模式。通过调动人性的内在作用来进行管理，促使企业快速发展。不过一定要注意不能过度强调人情味，否则会导致管理失控。

第四，随机化管理模式。这种管理模式可以细分成两种：一种是民营企业的独裁式管理，一切由老板说了算；另一种是国有企业的行政干预，也就是政府机构对国有企业的干预行动。这是一种十分错误的管理方式，许多民营企业破产就是因为采用随机化管理模式。

第五，制度化管理模式。也就是按照已经确定的制度来管理企业，这种管理方式讲究权责利对称，也是一种比较受认可的管理方式。虽然它表面看上去比较残酷，但只要适当地融入温情、友情、亲情化的管理方式，则可以成为如今最科学的管理模式之一。

第六，系统化管理模式。这种管理方式建立在七大系统之上，分别为：企业战略愿景管理、工作责任分工、薪酬设计、绩效管理、招聘、全员培训、员工生涯规划。优势是可以快速帮助企业扩展，便于分公司简单复制。

2. 行动的快与慢

想得太多,做得太少,是一种人性的弱点。说白了,就是行动拖沓,不具备足够的执行力。执行力听起来似乎是一个比较严重的字眼,其实却大到可以影响人生,小到可以影响日常生活。

王健林是军人出身,军人最重要的素质就是服从命令,对于上级的指示迅速地采取行动,因此万达最不能容忍的就是行事拖沓的员工。

其实,执行力这个词最常出现在工作中,有些人总是将计划和结果设想得十分完美,可就是迈不开亲自去执行的第一步。

计划做得再好,只要不去执行,一切都是零。在经营万达的过程中,王健林深深地认识到这一点。他是军人出身,有着"指哪打哪"的执行力,他最看不惯的就是别人光说不做,或是为了少承担责任做出模棱两可的承诺。

于是,他将"强大的执行力"作为万达的一项基本制度,在短短的几年时间里,就将万达缔造成商界的一个神话。

有关万达执行力最出名的一个例子就是,其所有项目,说什么时候开业,就什么时候开业。

地产行业具有极大的不确定性,施工速度的快慢、钱款是否就位、天气条件是否适合施工等等，只要任何一个环节衔接得不够顺利，工程的进度就会被拖慢，即便是向业主承诺了交房日期，也时常出现交房日期延后的情况。

对于房地产行业交房时期拖延的现象，人们似乎已见怪不怪，多少也能予以理解。但是，王健林始终认为，别人理解你，是对你的宽容；自己纵容自己，则无异于慢性自杀。

就像军队轻易不会去打没有准备的仗，万达的每一个项目，也都必须在各种条件齐备的情况下开始进行，这样就大大避免了工程拖沓的情况。

有时候，即便万事俱备，做事的人也会有侥幸心理，认为稍微的放松和拖延不会造成恶劣的后果。若将这一点点的偷懒心态逐渐累积起来，终究会酿成大祸。就像蚂蚁啃噬梁柱，一小口一小口地啃下去，可能看不出任何痕迹，可年深日久，越来越多的蚂蚁都在一小口一小口地啃噬，早晚有一天会造成大厦倾塌。

为了避免这样的现象出现，王健林将执行力，当成企业文化的一部分，在做事情之前，就给自己设定好最后的期限，不给自己留借口和退路。而人往往是在没有退路的时候，才能更加专注，激发出更大的潜能。

如今，"强有力的执行力"作为万达的企业文化，已渗透到每个万达员工的细胞里。每个万达员工都没有不具备执行力的借口，因为在万达集团，王健林本人就以身作则地时刻保持着强有力的执行力。

作为一个企业的创立者、经营者、管理者，很少有人能做到以身作则去强调执行力,即便是强调,大多也是作为口号,在员工大会上喊一喊,之后便去享受领导的特权和自由。

王健林最看不惯的就是裙带关系,认为通过关系进入公司的人总会隐约地觉得自己有一种特权,而别人为了给介绍者面子,也不会多说什么,更不会严格管理。长此以往,这样的人就变成企业的蛀虫,等到想要将其清理掉时,企业已千疮百孔。

为了避免这样的情况发生,万达坚决不允许搞裙带关系。作为企业领导者的王健林,必须首先执行这个要求。

直到如今,王健林没有把任何一个亲属安排到万达工作。他甚至出钱给他们去创业,也不会让其成为万达的一员。因为王健林决不允许万达成为一个家族企业,那就意味着人情大过制度,情理不分不仅可以导致一个企业衰败,在古时候甚至可以亡国。

能够做到这一点,不仅需要严格要求自己,更需要极大的勇气,处理不当,就会被人说成六亲不认,有钱了就看不起穷亲戚。可是哪怕顶着这样的流言蜚语,王健林也要保证万达公司是一片净土,只有他做到了,别人才不敢轻易逾越。

于是,王健林把万达经营成一个说到做到的企业。每年9月,万达都会召开一次商业年会,每次参会的人数可达万人以上,参会的商家也达千个以上。

之所以有这么多商家愿意参与万达的商业年会,是因为每到这时万达都会给商家一个承诺,那就是一年以后,万达广场或是酒店的开业时间。这个时间不是一个大概的范围,而是精确到年、月、日。

其实，万达的工程在一开始施工，就已经确定了开业的具体日期。王健林知道，给所有人承诺，无异于给自己找麻烦，封死了万达的退路。可是对于商家来说，这个承诺不仅代表着对万达的信任，更代表着商家的直接利益。

为了进驻一间新开业的商场，商家必须提前准备好货物、招聘好员工。存放货物的库房、员工的工资都是一笔不小的支出。如果商家在做好了全部准备等待开业时，却突然被告知工程可能延期，那么商家就要面临各种各样的损失，他们还会真的相信万达当初承诺的"让商家赚钱"这个口号吗？

万达永远能够做到将每一个口号付诸实施，十五年来，万达的每一个项目全部做到了准时开业，商场中的商家也做到了百分之百在开业的同时营业。

说到做到就是强大执行力的最好表现。很少有人知道，为了实现"让商家赚钱"的承诺，万达在背后付出了怎样的努力。

在做到之前，必须要先想到，也就是要有计划。世间万事万物总是充满着变化，房地产行业更是如此。因为每一个地产项目，从参与投标，到拿到地皮，再到在地皮上建造起建筑，是一个漫长的过程，有时需要两三年甚至四五年之久。这其中有可能会出现无数的变数：政策改变、消费观念改变、竞争对手的改变等等。

因此，在每一个项目开始之前，万达就必须对有可能发生的每一个变数都做好提前预判，并判定妥善的解决方案，有时候解决方案甚至要同时准备几套。

进行房地产开发，最重要的先决条件之一，就是必须具备足够的资金。如果在工程施工的过程中突然发现资金链断裂，那么工程延误必然会发生，对商家和业主的承诺也就无法实现。

都说房地产企业开发项目的决算比预算超过20%是正常现象，可王健林却不允许这样的"正常现象"在万达发生。他可以允许预算与决算的数字结果出现偏差，但这个偏差只能是决算比预算更低，而不是更高。

因此，有时候，做出完备的计划，也是强大执行力的一种表现。或者说，完备的计划，是强大执行力的先决条件，没有计划地蛮干，执行力只能是空谈。

当执行力成为一个人、一个企业的行事标准时，"拖延"这个字眼，就会彻底从字典里清除。让执行力的细胞遍布身体的每一个关节，在做事时，比别人的一万句催促都管用。

万达在广州开发的第一个项目是地下两层、地上十几层、建筑面积四十多万平方米的白云万达广场。建造的地点在搬走之后的白云机场跑道上，这样一个大型的商场项目，按照以往的计划，至少需要两年的时间才能建成。可是就在施工前夕，广州市委市政府找到王健林，提出了一个半是请求、半是要求的问题。

原来，那一年是亚运年，亚运会的举办地点刚好在广州。广州市委市政府希望白云万达广场在亚运会开幕之前实现营业，可是此时距离亚运会开幕只有不到一年的时间。

王健林答应了下来，并且立即调整原有的工作。这注定是一场硬仗，就像当年在林海雪原参加拉练一样，即便明知环境艰苦，也不能停下来休息，必须咬牙完成。

白云万达广场的项目对万达而言是一次全新的挑战，它不仅要求建设的速度要快，还要保证质量和美观。万达做到了，只用了十一个月的时间，一座现代化的商场就在白云机场原来的跑道上拔地而起，并且在广州亚运会之前开业，这一项目也创造了世界商业和建筑史上的速度记录。

曾经有人问万达的独立董事："听说万达是军事化管理，不行就抽鞭子，所以才这么快，是这样的吗？"

如果人人都不把执行力当回事，即便抽鞭子，工作也依然无法完成。领导的要求，不如员工的主动，万达的每一个员工在万达执行力文化的熏陶下，已经将"没有不可能"这句话挂在了嘴边，这句话决定了他们的执行力，而执行力决定了行动的速度。

如果说白云万达广场的项目是创造了一个记录，那么万达建设长白山国际度假区的项目，则是创造了一个神话。

万达长白山国际度假区是亚洲最大的滑雪场，包括九家酒店、三个高尔夫球场，加上旅游小镇，建筑面积达到一百二十万平方米。

巧合的是，万达在建造白云万达广场时，赶上即将举办广州亚运会；在建造长白山国际度假区时，长白山国际度假区欲申办2012年亚运会冬季运动会。所以想要成功举办，整个项目就必须在2012年8月之前建造完成。

在东北开发项目，与在广州完全不同，光是天气和温度就极大地影响了工程的进度。在广州，一年四季都可以施工，而东北只要进入冬季，连手都露不出来，更不要说盖房子了。尤其是在长白山里，每年十月就开始进入雪季，一年的施工时间加起来最多也不会超过六个月。

长白山的雪，可不是浪漫地飘飘雪花，常常是一场大雪铺天盖地地下来，踩一脚就直接能没过腰深，只要大雪一下，长白山就进入封山的季节。

为了按时完工，王健林再一次做出一个挑战不可能的决定：冬季施工。

当年在茫茫雪原上拉练的感受依然历历在目，王健林比任何人都知道在东北的冬季野外施工将面临怎样的困难，可是为了举办"亚冬会"，再多的困难也必须克服。

又是执行力驱使着万达的每一个人为这个项目拼尽全力，说到做到成为长白山国际度假区按时完工的动力。

在"亚冬会"开幕之前的几个月，万达终于完成了这项不可能完成的任务，在长白山的茫茫雪原上缔造了建筑行业史上的一个神话。

王健林没有忘记给予创造神话的建设团队和施工单位应得的重奖和荣誉，因为赏罚分明，也是决定企业执行力的关键因素。

如今的人，打拼事业的目的大多是为了取得一定成就，获得一定收入，但收入的高低与个人的执行力息息相关。

2012年，万达武汉项目公司的员工比万达其他同类公司员工的收入高了一倍，因为那一年，他们凭借头脑和执行力，年销售超过了百亿，比原本的七十亿目标还多出三十亿。

这样优秀的员工，怎么可能不给奖励？王健林不仅要给他们提供"利"，还要给他们提供"名"，让他们成为万达甚至行业的骄傲。

有奖自然也会有惩，有些企业会对高层领导提供额外的照顾政策，即便是犯下一些错误，也会不动声色地替他弥补或是原谅他。可是在万达，这样的情况绝对不会发生，一名分管招投标的副总裁就是触碰到万达制度的底线而被开除。

这名副总裁坚持让一家规模很小的公司承接电缆项目，还对下面的总经理和副总经理施加压力，逼迫他们签字同意。了解王健林的员工都知道他的脾气，正是他的脾气，给了总经理和副总经理对副总裁说"不"的勇气。他们把这件事报告给了王健林，经过内部调查，这名副总裁最终被免职。

没有无缘无故的成功，也没有无缘无故的失败。你也许敢想，却不一定敢做，或者不一定敢于给出承诺。"流水不腐，户枢不蠹"，同样，时刻行动起来的企业，才会拥有更长的生命。

3. 规模的大与小

任何一家企业在行业内都有规模大小之分，关于企业规模如何划分，国家会根据从业人员人数、销售额、资产总额等出台具体的标准。

不过，我们需要关注的，并不是哪一家企业属于微型企业，哪一家企业属于大型企业，而是一家企业是如何从小做大的。

万达在成立的最初，只是一家拥有一百万元注册资本的公司，经历了二十几年的漫长历程，王健林已经敢于公开"预言"，到2020年，万达的资产要达到一万亿元，销售收入要达到六千亿元，企业净利润要达到六百亿元，成为世界五百强企业的前一百名。

按照万达一贯的发展速度，没有任何人有理由怀疑王健林预言的真实性，甚至绝大多数人都相信万达一定能够做到王健林预期的那样。

世界在变，人也在变，人构成社会的主题，这就要求任何一家企业都不得不以人为本，要随着社会的变迁而改变。

万达从创立之初走到今天，企业规模在不断地发生改变。每一次改变之后，它都会变得更加强大，也更加值得尊敬。

1993年，万达已不再是一个初出茅庐的"愣头小伙子"，经历了四年多的发展，其年销售额最高已达到二十亿元。

这个数字意味着什么？举个最简单的例子，在1992年，整个大连市的房地产市场销售额一年也不过八十亿元，光是万达自己就占了四分之一的比例。这样的销售额，不能不用"可观"来形容。

当时的万达已成为大连最顶级的本土企业，但是这对于一个有野心的人来说，就算第一，也只是本土企业，什么时候可以成为在世界上首屈一指的企业，才是真正的成功。

于是，王健林开始酝酿着走出大连，走到更发达的城市，他想试试，万达可不可以在其他的地方站稳脚跟。

之所以选择广州，王健林有自己的打算。他听说过一句话："东南西北中，发财到广东。"广州属于中国的一线城市，如果能在那里站住脚，那么有朝一日向国内的其他城市进军，就等于事半功倍，这也等于让万达从一个本土企业向全国性企业转变迈出了第一步。

幸运的是，公司的第一个项目就实现了盈利，看着报表上那并不算庞大的数字，王健林的心中出现了一道亮光，直觉和事实告诉他，广州已成为他们能够生存下去的地方，他认为其他的城市一定也会有适合万达生存的土壤。

人生就是一场又一场的抵达，每来到一个终点，前方就会马上出现全新的目标。

2000年，王健林凭借十几年的房地产经营经验，以及对世界房地产趋势和走向的研究，发现房地产并不是一个长青的行业。这个行业的生命与人类十分相似，从呱呱坠地到快速成长，最好的年华也不过短短几十年。当社会的人口进入老龄化，房地产市场也就如同一位耄耋老者，开始萎靡、衰退。

想要彻底改行，就等于将现在已经熟悉的一切都全部清零，换掉全部与房地产行业相关的工作人员，重新招聘熟悉新行业的工作人员，而王健林和万达就必须像小学生一样，重新开始学习与新行业有关的一切。

这样一番折腾，不仅不一定能收获稳定的现金流，还会把原本拥有的一切优势荒废掉。

几番讨论过后，大家终于达成了共识：做不动产。

万达最熟悉的房地产，就属于不动产之一，将商业房地产转型成不动产，最大的优势就是曾经拥有的一切优势、经验全部都可以利用，公司的管理层也不需要全部更换，只需要再引进一些熟悉不动产和商业方面的人才就可以。

这可谓是一举数得，其中的优势之一，就是竞争对手一下子少了许多。2000年时，万达在商业房地产行业已经有了许多竞争对手，房地产的竞争也在日趋激烈，但在当时，购物中心和酒店还并不是热门行业，其竞争对手少，这就意味着利润空间大，钱赚起来更轻松一些。

摸索了几年以后，王健林在购物中心行业已是轻车熟路，也渐渐能够发现这个行业真正需要的是什么，并从中找到万达的不足之处。

他发现，在世界上的发达国家，几乎每一家购物中心都不只是以销售商品为唯一的经营项目，他们会给消费者十分多样化的选择，在购物的间歇可以吃午餐、喝下午茶、吃晚餐，也可以进行一些娱乐活动，比如打电玩或者看电影。

于是，电影院成为发达国家几乎每一个商场的"标配"，王健林从世界的发展趋势看到了国内的发展趋势，总有一天，国内的商场也都会有电影院，那么自己为什么不去做这个"领头羊"呢？

于是，文化产业进入了王健林的视野。最初，他也听到了许多反对意见，这些意见大多来自真正关心万达发展的员工，因为以当时国内的票房水平，他们真的看不出进军文化产业会有多大的发展空间。

王健林开始不厌其烦地对万达的高层讲述其中的道理和理由，并向大家畅想电影行业在未来几年中的发展前景。当大家听王健林说也许两年后全国的票房会从八亿变成十六亿，也可能变成二十多亿甚至一百亿时，虽然还是觉得有些过于乐观，但是出于对王健林的了解，他们相信王健林所做出的决定大部分都是正确的。

事实证明，王健林做对了，中国的电影票房几乎是呈几何数字增长。如果电影市场一直保持这种增长势头，用不了两年，就可以与美国并驾齐驱。

由此可见，让企业规模由小变大的关键，就是不给自己设限，让企业顺应市场趋势地去无限发展。王健林给万达设定了一个发展空间，不是上限，而是底线，那就是成为一家跨国集团，这也是万达的第四次转型。

王健林不仅给万达设定了发展的下限，还为万达限定了一个定语："世界一流的跨国企业"。

有人认为，只要是一家公司有从其他国家获得的合法收入，或者与其他国家的企业产生合法性的跨国合作，就可以称得上是一家跨国公司，那就大错特错了。这样的业务与收入，万达早已开始涉及，而真正的跨国公司，不仅需要有30%以上的收入都来自于国际，并且还要是在国际上连锁发展的组织，公司的架构、人才、文化也都能适应国际上的需求。

王健林认为，虽然万达距离这样的要求还有一段距离，但是他为自己设定了一个期限，那就是到了2020年，一定要让万达发展成为一家"世界一流的跨国企业"。到那时，万达的业务应该跨越至少十个以上的国家。

在通往跨国企业的无数条道路上，王健林选择了路途最短的一条：投资和并购。

在国内，万达已成为电影院线的资深企业，到国外发展，王健林的首选依然是电影院线行业。想要在海外重新投资建设，似乎已经来不及，也需要消耗极大的人力和财力，而并购现有的企业，是成本最低、进入海外市场最快的方法。

王健林将并购目标放在了美国第二大、也是全球第二大的影视院线上，他看好的并不是这家公司本身，而是它的五个股东全都是世界顶级的知名大企业。并购这家影视院线，万达一共花了近三十亿元，可是对于这如此庞大的外来资金，美国人似乎并不看好，甚至还有美国的经济学家批评王健林太自大，凭什么认为可以管理好连美国人都管理不好的企业。

对于这样的质疑,王健林选择了忽视,他相信总有一天事实会战胜一切流言蜚语。

王健林曾经说:"所有人都看明白的生意一定不是好生意,因为没有前瞻性。"他还说:"所有人都去干的事情我一定不敢。"

就像王健林说的,只有选择少数人干,或者别人还没有干的生意,才能获得超常发展。企业发展的要素之一,就是不能从众,要认定自己看好的事情,并且坚定不移地坚持到底。

并购这家电影院线,王健林只提出了一个条件,那就是与所有管理层签订一个长达五年的工作合约。万达的精英员工哪怕做得再好,也不会比一个当地人更了解情况,与其花费时间与经历去重新摸索,不如让熟悉状况的人为己所用。

为了激励管理层的干劲,王健林把每个人的工资都提高了3%,并且还将任务与收入挂钩。每一年都有不同的盈利目标,只要超额,超出的10%就是管理层的奖金。

王健林做出一系列举动之后,五个大股东一下子对这家电影院线有了信心。不过,王健林也早已看出,在接手的最初几年,很难实现盈利,甚至有可能会亏损一笔钱。

果然像王健林预计的那样,一连三年,公司都处于亏损的状况,到了2012年,他给大家下达了"军令状",最多只允许再亏损2700万美元。没想到,在大家的一致努力下,当年不但没有亏损,还盈利了

5800万美元。

王健林兑现了承诺的奖金，也从海外并购中看出了发展。其实，一家企业的规模想要由小变大，领导者的雄心壮志必不可少。记住，永远不要为自己和企业的发展空间设限，即便一定要设，也不应该是设定上限，而是认准一个目标，将它作为未来发展的底线。

企业规模具体划分

行业名称	指标名称	计算单位	大型	中型	小型
工业企业	企业人员数	人	2000及以上	300—2000以下	300以下
	销售额	万元	30000及以上	3000—30000以下	3000以下
	资产总额	万元	40000及以上	4000—40000以下	4000以下
建筑企业	从业人员数	人	3000及以上	600—3000以下	600以下
	销售额	万元	30000及以上	3000—30000以下	3000以下
	资产总额	万元	40000及以上	4000—40000以下	4000以下
批发企业	从业人员数	人	200及以上	100—200以下	100以下
	销售额	万元	30000及以上	3000—30000以下	3000以下
零售企业	从业人员数	人	500及以上	100—500以下	100以下
	销售额	万元	15000及以上	1000—15000以下	1000以下
交通运输企业	从业人员数	人	3000及以上	500—3000以下	500以下
	销售额	万元	30000及以上	3000—30000以下	3000以下
邮政企业	从业人员数	人	1000及以上	400—30000以下	400以下
	销售额	万元	30000及以上	3000—30000以下	3000以下

在管理学里，企业的生产、经营等范围的划型，叫做企业规模。企业规模被划分成大、中、小三个类型，任何一种类型的企业都需要科学的企业管理方式。

企业管理是对企业的生产经营活动进行计划、组织、指挥、协调和控制等一系列职能的总称，包括计划管理、生产管理、采购管理、销售管理、质量管理、财务管理、人力资源管理等方面。

像万达这样的大型企业，管理已经形成一种文化，而企业文化也成为一种管理手段。科学的企业管理方式必须由企业领导层提倡，只有上下共同遵守，将管理制度根植于员工心中，才能为企业带来生机与活力，促进企业规模的壮大。

4. 商人的家与国

"在商言商",这是千百年来中国的商人挂在口头的四个字,而对于王健林来说,在"商"之前还有"国",所以他在做每一笔生意之前,都会考虑一下是否对自己的国家有利,其次才是对自己的企业有利。

当万达收购了美国第二大也是全球第二大影视院线的消息传出之后,一时间,王健林站在了舆论的风口浪尖,美国人质疑中国人凭什么能管理好美国的企业,中国人同样怀疑,王健林将怎样去面对收购美国企业之后的风险和挑战。甚至有人提出尖锐的问题,例如有关王健林在前一段时间失踪的传闻,他自己怎么看待。

年近六十的王健林对自己的祖国有着浓厚的家国情怀,他收购美国企业,并非是想要抛弃在国内已经做出的成绩,当面对人们提出的一个个尖锐的问题时,他选择了正面回答。

尤其是在与外国企业进行合作的时候,王健林的家国情怀会变得更加浓烈,正应了那句至理名言:"国家好,民族好,大家才会好。"

每个人的前途与命运,都与国家和民族的前途命运紧密相连,作为一名企业家,王健林更是将提高祖国在世界上的形象与地位当做己任。家国情怀是王健林对自己的国家表现出的深情与大爱,国家的富强也被他当做自己毕生的理想和追求。

身为商人，王健林却并非时刻以利益为重，可以说，在经商的同时他也有一个："中国梦"，祖国给了他太多的归属感，在自己的祖国，他也得到了高度的认同。正因将祖国的富强当做自身的使命，在经商的同时，王健林时刻能够感受到身上背负的责任感。

万达的前身的确是一家国有企业，王健林从事房地产行业之后拿到的第一个项目就是棚户区改造。不过，从政府走出来的王健林，却并没有依靠政府的扶持来发展，他就是这样一个倔强的性子，自己决定要做的事情，就要凭借着自己的能力去做好，参军是如此，经商也是如此。

身为民营企业的万达，在王健林的带领下，时刻保持着一个民营企业的尊严，无论在经营的过程中遇到多大的困难，背后要经历多少别人看不见、体会不到的艰难与辛酸，王健林都带头咬牙扛过去。

不过，王健林也从不否认自己有时候的确会和政府打交道，企业家不应该脱离国家与政府，相反地，与政府保持着友好的关系与距离，才是一名企业家家国情怀的最好体现。

对国家，王健林有着深厚的感情，他愿意专门花费一份精力和财富去搞党政建设，在中国众多民营企业当中，像万达这样严肃对待党建工作的并不多。

坐落在大连市中心的中山区政府附近的一座二十八层高的大厦，是万达集团总部迁往北京之前在大连市的旧址，大厦的顶层如今依然是万达地产大连项目办公区，那里的墙上挂着一张照片，上面题写着王健林说过的一句话:"没有共产党就没有改革开放,没有改革开放就没有民营企业,没有民营企业就没有万达的今天。"

照片上的王健林,作为十七大代表,正在大会上发言。这张照片被放大后,几乎铺满了一整面墙壁,这不是一种炫耀,而是王健林对于自己十七大代表身份的重视。

万达企业内部的党员员工也会不定期地在不同场合组织培训,这些凝聚了时间缩影的照片,都被作为万达的企业发展史,陈列在大连市万达集团总部的旧址里。

万达的一位管理人员曾说:"价值这么多钱的一层楼,只是陈列着各种照片和政府发放的奖状,说明董事长对党政发展的重视。"而在这位管理人员口中所说的"这么多钱",换算成实际的金额,已经价值四千万元。这也足以证明,党建工作已经成为王健林生命中不可割舍掉的一部分,更成为万达企业文化中的精髓。

祖国是家,这个大家庭需要每一位成员付出努力来建设,王健林不仅重视党建工作,同样重视集团内部的党组织部建设。每一个城市的万达项目公司,都会有专门的党组织部,党员在福利待遇和职业发展方面都比非党员具有更多的优势,每年三月到五月,在万达学院还会组织入党发展对象进行三天的培训,传播党的基本思想。而到了每年"七月一日党的生日"那一天,万达总部也会举办隆重的庆典,表彰前一年的优秀党员,并且用巨额的奖金作为奖励。

在河北廊坊,还有一座占地七百亩左右的万达学院。这个学院是由万达总部投资七亿元人民币建设而成,专门用来指导党员和员工解读政府政策等。

王健林在党政建设方面做到了独一无二，2010年建党八十九周年之际，万达将58名新发展起来的党员组织在杨靖宇烈士陵园宣誓入党，这样的情景也发生在2011年的7月1日，只不过地点换成了江西吉安井冈山，新党员的人数从58名增长到90名。

经商多年，每天阅读党政报刊，是王健林一个雷打不动的习惯。万达发展过程中的大部分决策，都可以与最新的党政方针结合起来，只有知道自己的国家需要什么，才能指引企业朝着那个方向努力。

经商多年，王健林已经拥有了一套属于自己的"生意经"，他曾经说过："万达要在达沃斯做五星级酒店……实现盈利是很慢的，但万达主要有两个考虑，第一是提高达沃斯的住宿条件，有助于更多的中国企业家去论坛参会；第二，达沃斯是国际关注的场所，我们在这里建酒店，有助于提高企业的国际品牌。"

的确，在做企业方面，赚钱很重要，但王健林有时候更看好的是为企业建立起良好的口碑。万达是一家立志于走国际化路线的企业，良好的口碑就显得尤为重要。为了口碑，王健林有时候宁可少赚钱，甚至不赚钱，因为鱼和熊掌永远不能兼得，作为一名优秀的企业家，必须懂得在"鱼"和"熊掌"之间掂量彼此的分量。

在2014年的世界经济论坛达沃斯年会上，王健林曾说："未来国际化是我们发展的重要方向。并购是主要方式，投资是次要方式……关于海外投资并购，我的看法是美国的好时机已经过去，美国市场价格回涨得很厉害……欧洲还没有走出低谷，这就意味着欧洲还有机会。"

众所周知，王健林是一个热衷于海外并购的企业家，投资则是企业家热衷的资本游戏。在这场"游戏"当中，企业家可以尽情施展自己制定战略的能力，看准最适当的出手时机，不跟风，不盲从，适当的时候，还要有敢于"抄底"的勇气。

企业的发展需要注重软实力，不过，在王健林看来，硬实力也同样重要。他还曾说："中国的发展既需要软实力也需要硬实力，这是中国融入世界政经格局、影响世界未来发展必须处理好的事情，中国企业的不断壮大和国际化发展是这一过程的重要的力量支撑。"

万达是国际化的企业，身为企业家的王健林却时刻心系自己的祖国。他总是说，企业家要有家国情怀，要有社会担当，要学会思考大问题。也许只有做到这几点，才能称之为一名真正的企业家，而只以赚钱为目的的商人，最多只能称之为一名生意人。

人们总是将西方的经商之道奉为商业"圣经"，其实在王健林看来，西方的许多会议很虚，对企业和生意的作用并不大。不过他也并不会放弃出席这些会议的机会，因为他可以从中见识到企业家之间思想上的碰撞，有时候别人的某一句话会带给他巨大的启迪，这反而比会议本身更有价值。经营企业永远不能舍弃沟通与交流，这个过程会带来更多的人脉，也会获得更多的商业机会。

有些企业做得再大，老板也不过是"土豪"一样的人物，这样的人看重虚名，看重名利，这是王健林无法认可的。他认为，做企业最重要的是做实力，将企业在国际上的实力体现为经济效益，从而提高企业在国际上的影响力，也是在提高自己的国家在国际上的影响力。

企业的文化与理念十分重要，公关协调能力与品牌号召力也必不可少，因此王健林也让自己成为一名最喜欢参与高水平"头脑风暴"的企业家，在这个过程中，他能够接受到新鲜的观点，也能对自己的观点进行历练。

虽然万达完成了许多国外企业的并购案，不过，王健林并不能保证以后的并购也都会是成功的。他可以保证的是，对每一个投资或并购的项目都会事先进行全面的分析，并且确保即便是这项并购案最终失败，也不会对企业造成颠覆性打击。

敢经商，就必须敢于忍受失败，任何时刻都要对最坏的结果做好准备。不能容忍失败的人，就不具备冒险和创新的勇气，也不会懂得如何做好风险控制，也许一次很小的风险，就会对企业造成颠覆性影响。

王健林也有一个"中国梦"，他希望每一个中国人都能团结起来，为实现中国梦而奋斗。作为企业家，他时刻在为这个中国梦而努力，通过万达在国际上的影响，让世界见证中国的强大实力。

第三章
绝技：你的核心竞争力是什么

1. 订单地产商业模式

商业模式是指，一个企业满足消费者需求的系统，这个系统组织管理企业的各种资源，形成能够提供消费者无法自力而必须购买的产品和服务，因而具有既能复制但不被别人复制的特性。

哪怕是一个学过企业管理的人，读到这样的名词解释依然觉得拗口。其实，说得通俗一些，商业模式就是一种创意，并将创意演变为商机。说得再通俗一些，商业模式就是一个企业用来赚钱的途径和方式。

每个成功企业都有自己专属的商业模式，有了它，就等于有了一半成功的保证。自从"商业模式"这个概念在十九世纪五十年代第一次产生，创业者和风险投资者便开始将它作为一个常常挂在嘴边的词汇，并且对探讨其中的内容、研究其中的意义津津乐道。

可乐公司要卖可乐，通讯公司要卖通讯产品，这些都是商业模式的一种，在中国，只要想到房地产行业成功的商业模式，万达的"订单地产商业模式"就会一下子跳入人们的脑海里。

自从 1988 年成立至今，万达一直以较快的增长速度在不断发展壮大。正如王健林所说"创新是企业家精神的核心"，同样，一个企业的商业模式也需要不断创新。

不敢创新就代表墨守成规，也就意味着，不会随着社会发展而改变，就等于在不断变迁的世界里坐以待毙。

总有人说中国的房地产行业是一个巨大的泡沫，虽然这样的说法未经证实，但永远以同样的模式在卖房子，总有一天，房子会成为一种供过于求的商品。

无论经营何种企业，敢想敢做才是王道。在万达之前，还没有任何一家房地产企业想到"订单地产"这一商业模式，事实证明，"订单地产"商业模式如今已经成为万达发展商业地产的一个重要的商业模式。

所谓"订单地产商业模式"，就是共同选址、技术对接、平均租金、先租后建。除此之外，万达的"订单地产商业模式"还包含一条不成文的规定，就是合作企业大多都是知名企业，其中更不乏跨国企业或世界五百强企业。

共同选址，就是万达与合作伙伴进行沟通、协调，共同确定一个城市、具体位置，一旦协商通过，就按照彼此签订的协议，在共同选好的位置上进行地产项目的建设。

技术对接，是在建设地产项目之前，与每个合作伙伴提前约定好每个店面的面积、高度、出入口、交通体系等，这需要合作双方分别派出专业人员进行技术对接，并在协商之后，以双方签署的书面确认为准。

平均租金是一种既节省时间又节省精力的办法。全中国那么多城市，每个城市的房价、消费水平均不同，如果每在一个城市建造一家购物中心，都要与合作伙伴重新进行一次租金谈判，那么也许半年以内都无法在租金上达成共识，更不要提在短时间内向中国的各大城市迅速扩张了。

为了节省时间和精力，万达想出了一个办法，那就是将中国的所有城市划分为三个等级，每个等级都有不同的平均租金，成为万达的合作伙伴，也就意味着接受了平均租金的概念，不用再为租金讨价还价，浪费时间和精力了。

先租后建最好理解，就是万达先与合作伙伴签订租约合同，之后再投资进行建设。

万达有了一个又一个成功的案例，"订单地产商业模式"这个概念迅速在中国商业地产行业中风靡起来。这种商业模式的最大好处就是，避免了投资的风险，并且可以根据租金的数额决定总投资的多少，保证在扣除税款之后，还能有8%左右的投资回报率，也符合中央禁止重复投资的政策。

无论是对于企业还是政府，"订单地产商业模式"都能让双方实现"共赢"。对于企业来说，避免了投资风险，保证了投资回报率；对于政府来说，则代表着税收增加、就业岗位增加、城市的商业水准和形象得到提升。

"订单地产商业模式"也是一种为客户"量身定制"的地产商业模式。王健林会萌生这样的创意，源自于和沃尔玛超市的一次合作。

沃尔玛超市是一家世界性的连锁企业，也是全球营业额最大的公司之一。十五个国家都有沃尔玛的门店，全球的门店加起来一共有8500多家。

与沃尔玛的合作，是王健林极力争取到的一个项目。与万达合作的沃尔玛，首先入驻了长春万达广场。原本沃尔玛对与万达的合作并不抱太大期望，但没想到刚一在长春万达广场落户，就受到长春消费者的欢迎。

消费者喜欢沃尔玛舒适的购物环境和丰富的商品种类，开业之后，沃尔玛长春万达广场店的业绩就迅速攀升，从此以后，沃尔玛再也不怀疑万达的能力，与万达几乎成为一个不可分割的整体，只要是有万达广场的地方，就有沃尔玛的存在。

其实，万达选择将沃尔玛作为万达广场的主力店，是出于一种战略上的考虑。在与万达合作之前，沃尔玛已经是全球知名的企业，并一度位列世界五百强企业之一。沃尔玛在全球的口碑都非常好，客流量大、稳定性好，这就等于为万达广场带来了许多潜在顾客，也能为万达广场增添人气，这样即使是一些知名度较小的店铺，也能沾一沾沃尔玛的光，多获得一些客流量。

与沃尔玛合作的成功，让王健林打开了思路。除了沃尔玛，还有许多类似客流量大、稳定性好的企业可以作为合作对象，例如国美电器和苏宁电器。用知名品牌带动一个购物中心，是王健林做出的众多明智决定中的一个。有了知名品牌坐镇，万达就更增加了与其他企业进行谈判的筹码。

不过，王健林也不是"势利眼"，并不是只看得上大型企业，相反，对小型企业也额外关注。因为王健林知道，想要与大企业合作，就必须在合作条件上进行一些退让，这必然就会造成利润的减少，而小企业因为不具备太多的优势，又想借助万达这棵大树为自己招揽更多的顾客，必定会愿意付出更多。

于是，为了挽留一些小型企业，王健林也付出了不少精力。从创办沈阳万达广场开始，大玩家超乐场就是万达的合作伙伴之一，可是最初大玩家超乐场的经营状况并不理想，王健林为此想了很多办法。

他先是同意减免大玩家超乐场的一部分租金，可是其营业额还是上不来，在快速扩张起来的万达广场里，显得有些冷清和格格不入。王健林不愿意放弃这位与万达广场一同成长起来的"老伙计"，为了节省大玩家超乐场的人工成本，王健林主动提出让万达的财务部帮大玩家超乐场管账，一直到其获得了一大笔风险投资，才终于能够与万达广场一同并驾齐驱。

还有些小企业因为流动资金有限，交了租金就出不起装修费，交了装修费又出不起租金。可王健林总是能看出哪家小企业有极大的发展空间，它们的存在，也能丰富万达广场的购物品种。

于是，王健林就替他们想办法，如果出不起装修费，那就由万达来出，然后再做成分期，平摊到每年的租金里。这样，只要花很少的钱，店面就能开张，这些小型企业又何乐而不为呢？

都说当兵的人仗义、实在，王健林的身上的确具备这两个特征。不过，他还具备一些别人没有的特质，那就是脑筋灵活，遇事喜欢分析、琢磨。

中国有句古话叫"民以食为天"，大部分中国人都对美食情有独钟，万达广场作为"城市综合体"，除了有百货商店外，更重要的是还有大量的餐饮店铺。

在创立万达广场之前，王健林见到了太多百货商店冷冷清清、门可罗雀的景象，再联想到中国人喜欢美食的特质，他灵机一动，决定把所有的餐饮店铺都集中在顶层。他还给这个想法取了一个学名，叫"瀑布效应"。因为去吃美食的顾客从楼下走到楼上，或者从楼上走到楼下，一定会路过下面的店铺，不知不觉就会被其中的一些店铺吸引，也为这些店铺增加了客流。从楼上下来的顾客，就像瀑布一样，一点一点地流入下面的店铺当中。

就这样，万达的"订单地产商业模式"日渐成熟起来，每一家全新的万达广场建成之后，都能保证合作伙伴对每一个设计的细节感到满意，也能保证在万达广场开业的当天，百分之百的店铺都能同时开业。

"订单地产商业模式"也让万达广场成为所在城市的人气中心，每天都有几万甚至十几万的流动客流，高峰时期可以达到三十万左右。在每一家全新的万达广场开始建造之前，王健林都会根据之前的经验，对商业模式进行更合理的调整，无论是重新组合主力店和单店的构成比例，还是改变出售物业和住宅的比重，都是为了让万达的"订单地产商业模式"成为一个无法被超越的商业模式。

这种模式保证了万达广场的灵活性，不需要长期的市场培育期，在开业的最初阶段就能迅速地聚拢人气，也能为万达提供稳定的现金流。

不过，归根结底，"订单地产商业模式"依然是商业地产模式中的一种。王健林认为，如果房屋建造好之后用于出售，那就不叫商业地产，而只有将物业的租金作为收入的长期房地产投资，才叫商业地产。

王健林不仅坚持遵循"订单地产商业模式"，更坚持万达的商业物业只租不售的经营理念。

之所以坚持这一理念，是因为万达曾经在销售商铺的历史上吃过大亏。在开始"订单地产商业模式"之前，万达一直在走建造房子、销售房子的老路，就连商铺也一个不剩地统统销售出去。从最初的十个购物中心项目来看，万达的商铺的确卖得很好，业主也十分认可。不过，商铺在销售出去之后，却有一半的项目都出了问题。

当时的万达一直坚持先建造、后销售的经营模式，也就等于是购物中心按照开发者的意愿建造好并销售出去之后，再进行商业规划和整合。如此一来，购物中心的整体风格就显得十分凌乱，在吸引客流与留住客流方面并不具备任何优势。

其实，作为房地产开发者，万达的责任只到交房的那一刻就完全终止，按照合同上的规定，经营的好坏与盈亏全部由购买商铺的人自行承担。

无论于情于理，这样的合同都是正常的，房地产商只负责房屋和商铺的建设，而经营则是商家自己的事情。

可万达毕竟是个大品牌，王健林更是一个责任心极强的人。眼看着万达建造起来的购物中心没有客流，再加上业主合起伙来闹事，王健林立刻决定把业主的担子扛在自己肩上。

经历了"沈阳退铺"事件之后,王健林终于意识到,原来将购物中心建造好之后再销售出去并不是一个很好的商业模式。他开始关注中国各大城市的购物中心,发现像万达之前一样的失败案例比比皆是。比如东莞的一个购物中心、无锡站前诚投广场都是钻石地段,商铺销售也极其火爆,可就是因为设计不合理,短短两年时间,商场中的商铺就集体关门了。

于是,王健林开始研究国外的成功案例,他发现,世界上发达国家的购物中心都有几个同样的"绝招":首先就是将大型的百货和超市作为购物中心的主力店,如果购物中心的周边客流不大,那就在旁边开发一些住宅用于销售;如果没有地方可以用来开发住宅,那就在购物中心的上面建造公寓或者写字楼;如果公寓和写字楼也不能盖,那就挑一些大型的商铺进行销售,小型的商铺无论如何都要保留下来用于出租。总之就是一句话"不卖商铺",有时候,一旦制定好了决策,就一定要坚守,否则就是拆自己的台。

在管理学中,核心竞争力就是企业或个人与竞争对手相较而言所具备的竞争优势与核心能力差异。尤其是对于企业来说,核心竞争力的作用非常大,它关系企业的利益,更是竞争对手难以模仿和超越的特质。

万达的核心竞争力十分突出,却也不是从创业之初就已经具备的。其实,任何一家企业,都可以在后天的发展过程中渐渐培养、构建而成。

构建企业核心竞争力,最重要的是要采用规范化的管理,并且明确企业自身有哪些优势,又有哪些优势可以形成核心竞争力,并分析具体该如何运用。

　　对竞争对手的分析也尤为重要，将对手的优劣势与自身的优劣势相比较，更有助于发现企业自身的不足，从而改正。这就需要时刻掌握竞争对手的动态，并且对市场竞争状况随时随地进行分析。

2. 难以超越的万达执行力

生活中有太多人是言语上的巨人，都是行动上的矮子。战国时期，赵国熟读兵书的赵括虽然能将兵法倒背如流，却不过是纸上谈兵，没有实战经验，更缺乏将兵法灵活变通使用的能力。在与秦国的交战中大败，虽然英勇拼杀，但依然没有改变被秦国坑杀的下场。

如果你是个只会做计划却不能迈出脚步去实践的人，那么最好不要去创业，因为虽不至于像赵括那样落得失去性命的下场，但也不会在如战场一般激烈的商场中占到便宜。

我们曾经在前面的章节中讲过与万达的执行力有关的话题，万达的资产之所以能从零迅速攀升到 5000 亿元，与其从上到下快速的行动力密不可分。可见，无论是个人还是企业，执行力都是将目标、计划变成效益和成果的关键因素，也就是一种保证优质完成目标的能力。

任何一个个人和团队都需要有执行力，否则在与其他人或其他企业的较量中会毫无疑问地败下阵来。在一个团队里，执行力甚至可以和战斗力相媲美，而对于一个大型企业来说，执行力最终影响的往往是企业的经营能力。因此，一家成功的企业，必须具备将执行力贯彻和完善下去的执行管理模式，以及高科技的执行手段。

在二十多年的经营中，万达已经摸索出一套保证员工执行力的管理机制，总结成三点，就是"总部集权、垂直管理、强化监督"。

说到"总部集权"，就不得不提到历史。这一次要回溯到春秋时代，周朝统治了天下后，为开国功臣封地加爵，得到封地的功臣，可对其封地自行做主一切事物，也可以世代沿袭下去。

久而久之，原本完整的华夏大地被各个诸侯分得四分五裂，而且他们变得越来越不服从管束，周天子的权力在一天天减弱，大的诸侯国开始吞并小诸侯国，随着齐、楚、燕、韩、赵、魏、秦七大诸侯国的连年征战，战国时代拉开了帷幕。

从执行力说到春秋战国时代，似乎扯得有些远，其实虽然年代与事件不同，但道理却是相通的。一个正在运行中的集团型企业，就像一个管理有序的国家一样。对于分公司，虽然要做到适当放权，但是在原则性问题上，集团总部必须做到百分之百的集权管理。

有时候，在企业的管理方式上，留有余地反而会带来不必要的麻烦，不如索性将规矩做全、做"死"，没有通融的余地，反而有利于快速执行。

尤其是像万达这样以房地产为主的大型集团型企业，实行的管理模式就是总部高度集权，地方公司的大部分行动都要在总部的指挥下完成。这样就避免了地方分公司经理"天高皇帝远"，想怎么做就怎么做，甚至有可能采取一些不正当手段解决问题的情况。

在万达，地方公司的管理者哪怕职位再高，也要决定服从总部的一切指挥和调配，不能有拖沓和懈怠的情况发生。王健林说："万达各地公司总经理、副总经理经常轮换，哪里需要就去哪里。我们规定不服从安排就解聘，不然的话，大家都想在北京、上海等大城市工作，公司怎么发展？"

因为明确万达集团的规矩，所以员工从进入万达工作的第一天起，就默认了这种管理方式，也就没有任何不服从管理的借口。

万达这样做的目的，不仅是为了保证集团能够毫无拖累地快速向前发展，也是为了避免腐败的现象发生。地方公司的权力弱了，就不会擅自做出一些违规的行动。虽然坚持原则，但万达并不是一个不近人情的公司。员工家里的实际情况，公司都能做到了解，并根据具体情况进行工作地点和工作内容的调配。

作为一家涉及建筑和房地产的集团型企业，公司的成本部门、财务部门、质量部门、安全部门是十分重要的部门体系，甚至可以说，它们关乎一个集团企业的命脉。

就像习武之人不会轻易让对方抓住自己的命脉一样，万达也不会将企业的命脉交到他人手里。这几个重要部门的人、财、物都由总公司进行垂直管理，地方公司无权干涉。

军人出身的王健林深知"铁打的营盘流水的兵"这个道理，地方公司的成本部门、财务部门、质量部门、安全部门的工作人员，每工作满三年就进行一次轮岗，这样可避免这些工作人员在长时间的相处中形成利益共同体。用王健林的话说："这是一种既支持又制约的关系。"

任何一家企业都不能指望在不采取任何管理措施的情况下，让员工产生自觉性。人性本就是不自觉的，除非一个人对自己的行为有主观上的严格要求，否则任何一个人都会在舒服与更舒服之间选择后者。

王健林回想公司还是国营企业的那个年代，有多少员工拿着工资却不干任何实质性的工作。这就是"大锅饭"心理在作祟，反正都是正式职工，干不干活都有工资拿。

自从万达转型成为民营企业的那天起，王健林就暗下决心一定要彻底改变国营企业的弊端。在商界摸爬滚打久了，王健林对于人性的弱点也就更加了解了。

他曾经说过一段非常有哲理的话："公司要靠制度，不靠忠诚度，忠诚度是靠不住的，今年有忠诚度，明年也许就没有，遇到金钱有忠诚度，遇到美女也许就没有忠诚度。"

的确，每个人对利益的认知不同，有时在利益诱惑下，难保曾经的忠诚还能依然存在。因此，想要员工的执行力永远像进入公司的第一天那样强有力，企业就必须用合理的制度进行激励和约束。

王健林曾说："万达制度设计的特点，一是制度制定的出发点就是不信任任何人，二是尽可能在制度设计上做足文章、减少漏洞，不给员工犯错的机会。"

试想一下，企业将管理制度做得滴水不漏，没有任何漏洞存在，员工即使想钻空子，也找不到机会。

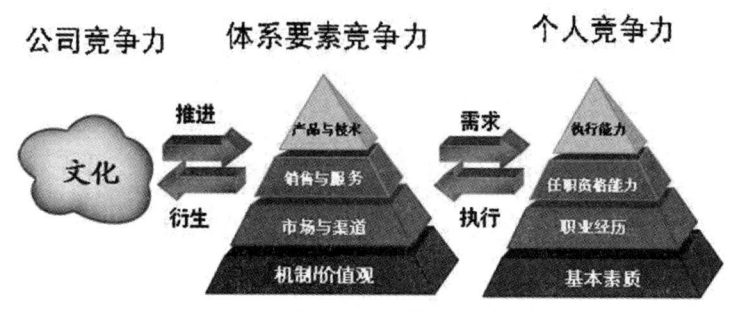

核心竞争力模型

在一些重要的工作环节，万达将制度制定得十分明确。例如招商，如今的万达广场已经成为家喻户晓的品牌购物中心。消费者的认可，就代表着商家的青睐。每一家万达广场在筹划之初，都有无数的商家想要搭上万达广场这趟"顺风车"，不过，在招商方面，万达有着自己严格的制度。

根据不同的所在城市、消费能力、地段等因素，万达把万达广场分成了A、B、C三个等级。与此同时，还会根据知名度、消费者认可度、时尚度等因素，将商家也分成A、B、C、D四个不同的等级。这样一来，招商部门就再也不用为选择哪一个商家而头疼，更不能在其中搞一些暗箱操作，为自己谋私利。

按照万达的明确规定，A级万达广场，只能选择与A级和B级的商家合作；B级的万达广场，则可以和A级、B级、C级的商家合作；只有C级的万达广场，在招商时才会把D级的商家纳入选择范围，这样做，不仅商家找不到任何怨言，还有利于万达广场的快速发展。

不止是招商，在万达项目的建设过程中，严格的管理制度已渗透到方方面面。为了保证项目的质量，万达规定，只有排在行业前几名的品牌和企业才能进入万达的备选范围，也只有这些企业才具备参与招标的资格。并不是只有像钢筋、混凝土、机械设备这样的大宗商品，万达才会要求得如此严格，甚至小到一个墙上的电源开关，都必须按照万达的规定来配置。

人是需要督促的。无论一个人多么有干劲，长期工作在一个管理制度不严格的企业里，原本强有力的执行力也会渐渐懈怠下去。为了督促员工，万达专门培养了一支强大的审计队伍，这也是王健林直接进行管理的唯一一个部门。在王健林看来，万达的审计部，就相当于万达集团的纪委，他亲自为审计部树立权威，审计部也有对各地分公司下发管理建议书、整改通知书和审计通报的权力。

这几张书面通知具有极大的效力，接到这些处罚通知的分公司，不仅意味着罚款，严重时还会有人被开除。

有人说，万达不是说自己是讲人情的公司吗？的确，万达是讲人情的，但是人情只能对有人性的人讲，对于那些以出卖公司利益换取个人利益的人来说，万达无需讲人情。

万达漳州项目公司曾经有一个总经理、一个副总经理和销售经理几个人合伙，利用他人的身份信息，把一栋位置极佳的楼盘扣下不卖，但在集团的系统上，却显示该楼已销售完毕。

如果有人想买这栋楼，就必须额外向他们支付几万元现金，并且不提供发票。一栋楼下来，这几个人就贪了几百万，最终由万达审计部查了出来，并将他们交由警方处理。

光是人力上的督促似乎还不够，万达还采用高科技、信息化的形式来保证员工的执行力。

有时候，人的智慧再高，也比不上科技的智慧。人的记忆力、专注度、时间观念等会随着年龄或周边环境的影响而减弱，可是电脑系统却永远不会改变，只要在系统中输入条件与要求，它就会按时去执行。

正是受此启发，万达首创了一套"慧云系统"，名称就源自于"智慧的云"，这是王健林取的名字，他希望这套系统能够充分发挥它的智慧，将万达广场和万达酒店的消防、水暖、空调、节能、安全等监控体系都集中在一个大屏幕上，真正实现智能化监控。

从前，这些部门之间相互没有沟通，一旦有人走神或是忘事，就会发生事故，万达也曾因人为的错误出现过事故。为了避免这样的事故再次上演，"慧云系统"终于走上了工作岗位。有了它的存在，只要到了换班时间，换班的工作人员就会接到系统发来的提醒短信；如果系统检测到某个区域的客流比较少，就会提醒空调系统调小风量，实现节能。

电脑系统为万达的工作和管理人员带来了极大的便利，有了它的监督和提醒，员工的执行力自然有所加强。

早在"慧云系统"未开发出的十几年前，万达就已拥有了自己的信息中心。当时的许多企业甚至不知道信息中心是用来做什么的，但万达已自主研发出信息中心的移动终端，即便是出差也不会耽误文件的审批工作。

许多企业都在大力倡导提高员工的执行力，可是员工的执行力怎样才能提高，这就需要企业本身为提高执行力营造出一个氛围。

为了提高工程项目的执行力，万达在各地的项目工地上都装有摄像头，且必须全方位无死角，无法安装摄像头的地方，由移动设备进行录像，通过信息系统直接上传总部。

自主研发这样一套信息系统，需要不小的投入。但若没有投入怎么会有回报，当别的企业还在抱怨员工执行力不够时，万达早已把员工的执行力交给一套完善的信息系统去协助。

如今，万达在执行方面和计划方面，都已经交给高科技去管理、监督、辅助。万达有专门的计划部，从招聘、开工、成本，到利润、现金流、收入，都有不同的计划。每年年底前，第二年的计划各部门就已制定完毕，计划不仅涵盖全年，更是细化到每个季度、每个月甚至每周。每一份计划都要由王健林亲自进行审批，因此他在这一年还没有结束时，就已经知道集团在未来的一年都要进行哪些工作。

既然在执行计划时有万达自主研发的信息系统和"慧云系统"进行协助，那么在做工作计划时，自然也少不了一套专门的协助软件。

这同样是由万达自主研发的一套软件，它可以把一项工作计划智能地划分成若干个时间节点，到了什么时间，就要完成什么事情。如果每一个节点的工作都按期完成，系统就会自动亮起绿灯，如果没有按期完成，就会亮起黄灯进行提醒，如果在亮起黄灯后的一周内还没有完成，就会亮起红灯，这也就意味着相关的部门和人员要遭到处罚。

采用这个软件的目的，当然不是为了对某个部门和员工进行处罚，而是提醒他们在什么时候做什么事，也是提醒他们在遇到困难时要主动、及时地寻求解决办法。

制度、文化、科技，这三项综合起来，就是万达拥有中国第一的企业执行力的秘诀，就像王健林说的那样："执行力是万达成为世界一流企业非常重要的法宝。"

对团队来说，执行力就等于战斗力。在管理学中，也存在提高员工执行力的管理方法，主要包括以下六个方面：

第一，通过树立标杆，提升员工的执行力。也就是通过执行力强的员工来影响其他员工。

第二，管理人员发挥检查、监督与激励的作用，避免员工出现懒惰现象。

第三，明确工作目标、员工分工，保证职责清晰，避免工作方法不当。

第四，对员工进行执行力培训，让员工清楚工作中应该做什么、怎么做、做到什么程度、何时何地做。

第五，建立良好的沟通与信息反馈渠道，避免信息传递错误或延迟，对出现的矛盾、错误能及时解决。

第六，管理人员发挥带头作用，起到正确的引导作用。

3. 关于商业资源

商场如战场，商界中的竞争如同战场一般残酷和无情。也有人把经商比做下海，无论是否会游泳，只要看到水面金光闪闪的水花，就幻想着可以在那里捞出无限财宝。不过，千万不要被金钱冲昏头脑，海水蕴藏着财富，也能用巨浪吞噬人的性命。在跃入茫茫商海之前，一定要想一想，自己的企业是否比别人的企业更具优势。

如何才能让自己的企业具有更多优势的资源和能力，也就是企业的核心竞争力？商业资源就是其中至关重要的一个环节。它可以帮助企业从激烈的竞争中脱颖而出，为企业的发展提供不竭的动力，使企业将竞争对手远远地甩在身后。

如果说商业地产是万达的核心竞争力，那么商业资源就是形成这种核心竞争力必不可少的一项竞争优势。

先不说从外界获得的商业资源，万达独有的前期规划设计、中期开发建设、后期运营管理这一国内唯一完整的产业链条，就已是同行无法逾越的一道屏障。

以前，万达是先做初步方案，再交给国内的一些设计院做深化的设计。说白了，就是万达动脑，其他设计院动手，一同为即将建设的购物中心规划一个雏形。可是在当时的国内，购物中心基本都是一个样子——外观不时尚、结构设计不合理。虽然有些购物中心开业之后销售十分火爆，但大多是占了地理位置和客流量的便利。

设计院的设计师虽然具备专业的建筑设计能力，但对于时尚与商业却并不了解，这就直接导致长春和沈阳两家万达购物中心出现开业后经营状况不佳，业主联手维权的情况。

自从万达决定将"城市综合体"这个概念做大做强，国内的设计院就已无法满足万达日益成熟的设计需求。王健林只好请来美国、澳大利亚等一些国外知名的设计公司来设计，虽然设计出来的效果比从前好了许多，可是万达要承担高昂的设计费，还要忍耐着漫长的设计时间，原本打算快速发展的万达广场就这样被拖慢了进度。

深思熟虑之后，王健林决定再也不能让万达的命运掌握在别人手里，万达的发展必须由自己来控制。于是，2003年他萌生了筹建万达规划院的想法，并且很快就开始实施。

在万达规划院成立的最初，因为还处于摸索阶段，所以只能设计符合万达需求的购物中心。到后来，规划院的功能越来越强大，人才也越来越多。在二百多人的万达规划院里，从建筑、结构、装饰、到机电等行业，均由不同背景的专业人士负责。

渐渐地，除了购物中心，万达规划院还可以设计更加高档的五星级酒店。除此之外，万达还善于利用世界知名企业的科技力量，正在武汉汉秀中使用的机械臂就来自西门子的运动控制技术，一位舞台工程总包公司的工程师说："西门子产品在可靠性、控制精度和过载能力方面表现优秀，帮助我们成功应对了调试阶段的种种困难。"

这个机械臂光是重量就达二百多吨，它的主要功能是举着三个七吨重的 LED 显示屏自由移动、组合。这个机械臂最初并不是由万达规划院自主研发的，而是专业的顾问公司设计、制作的。

可是成品出来以后，各方面都不尽如人意，无奈之下，万达决定让自己的规划院特种机械所来研制。出乎意料的是，机械所制作出的效果比之前好了许多，从造价、安全系数到生产工期，均能满足万达各方面的需求。

的确，只有自己才最了解自己，只有把自己修炼得足够强大，才能不事事假手于他人。也许这个过程会苦会累，但独立完成之后的那份坦然与骄傲，足以抵得过中间经历的任何苦累。

为了建立好万达规划院，王健林付出了不少心血。在他的心目中，规划院有着举足轻重的地位，在万达规划院的会议上，常常会出现王健林的身影，他跟着规划院的研发设计人员一起开会、一起构思、一起琢磨图纸、一起修改方案。

因为重视，所以苛刻。王健林对万达规划院的要求十分严格。有些项目的规划图，光是经他修改就达到二十多次，他知道，万达未来的发展还要靠规划院这个秘密武器，只有把规划院的水平练得更加扎实，才能在未来的商战中所向披靡。

王健林的心中对万达规划院有一个美好的期冀，那就是在未来的几年内，万达规划院中能诞生一批既懂得购物中心设计，又懂得五星级酒店设计的大师。根据王健林以往的经历，他的每一个看似天方夜谭的愿望最终都变成了现实，因为他敢想敢做，也愿意为实现梦想付出金钱与精力。

国内的普通设计院和规划院虽然都是建筑方面的专业设计机构，但对于商业地产和五星级酒店却很少涉及。甚至可以说，跟万达规划院的人员比起来，即便是一些国家级的规划设计院也显得有些外行。

曾经有一名万达规划院的副院长去一个国家级的规划院做方案交底，那里竟然有许多人从来没有接触过，甚至没有听过这样的项目，觉得新鲜得不得了，齐刷刷地聚过来旁听。

这样的现象对于万达规划院的人来说已经司空见惯，一名万达规划院的工作人员曾经去杭州政府做方案汇报，当地规划局的领导也在场。虽然那名工作人员只是简单地汇报了一下，竟然被当地的规划局领导邀请去给规划部门全体同志上了一课。

要么不做，要么就做到最好，无论是当兵、工作、生活还是经商，王健林都把这句话当做基本原则。尤其是像万达规划院这样的大规模机构，轰轰烈烈地做起来，就必须让它轰轰烈烈地走到行业的前沿，就像王健林所说的，既然要做，就专挑别人不做的事情来做。

一个项目的开发建设也是考验企业核心竞争力的重要环节。哪怕设计出再完美的建设方案，最终却无法落地，或是建设效果不理想，那么之前的一切努力都是白费。

做事情要懂得抓住重点，能从错综复杂的事情中稳、准、狠地瞬间抓住头绪，才能快速而又优质地将事情做好。

在二十几年的房地产开发、销售经验中，万达已摸索出一套开发建设的规律，那就是做好成本、销售、租金这三个决策文件。

头脑永远要比手脚走得快，在手脚开始行动之前，头脑就必须做出一套甚至更多套合理的方案，才能避免走错路、走弯路。

制作这三个决策文件，是头脑应该完成的工作，万达在开工之前，必须有至少三套可行性方案摆在面前，将一切未知都计算在可控范围之内，工程才能开始进行。

自从万达开始按照这样的步骤进行开发建设以来，就没有出现过任何一个超过决策成本的项目，这要求万达的工作人员具有极强的决策预算能力和成本控制能力。

在王健林看来，这是专业化和高水准的体现，一旦成本超过了预算，房价就会提升。虽然对于地产企业而言，房价越高就代表利润越高，可是只有合理的价格，才是维护品牌形象的保障。

说到维护品牌形象，专业的运营管理也是十分重要的核心竞争力。所谓专业，就是总能在困难面前找到最好的解决办法。自从万达开始实施"订单地产商业模式"以来，其合作伙伴大多会选择商业连锁的品牌企业，因为它们有极强的抗风险能力，也对企业形象十分重视，基本不会出现拖欠租金的现象。

虽然万达不需要为收回物业租金花费太多的心思，但王健林却依然决定要为万达打造一支专业的商业管理公司。又是"要做就做到最好"，万达商业管理公司自从成立，就成为全国唯一一家跨区域的商业管理公司，几千人的队伍中，每一个都是商业管理方面的专业人才，物业租金回收率几乎可以达到百分之百。

既然专业，就代表不会急功近利。王健林看到过一些购物中心将热点商铺的租赁权以拍卖的方式招商，作为物业的持有者，的确可以获取高额的回报。甚至有传言说，有的商铺拍卖到16万元每平米，而这仅仅是租金。

从后期的关注来看，这些以高价抢到租赁权的商家，从经营的一开始就注定是失败的。天价并不意味着源源不断的客流和购买力，虽然抢到了最热门的商铺，可巨额的租金还是要自己来买单。许多商家因入不敷出，只好关店大吉，而作为物业拥有者的商场，却失去了一个原本可以长期签订租约的合作伙伴。其他一些小型的商家，看到如此有实力的商家都经营不下去，更不敢轻易尝试。长此以往，受害的只能是商场自己。

于是，万达的招商部门将"宁选对的，不选贵的"作为招商的原则，宁愿降低一些租金，也要保证能够长期合作，更要保证商家在后面的经营中不面临巨大的压力。有时候，做事要替别人考虑，因为替别人考虑，也就是在为自己考虑。

正因为站在商业合作伙伴的立场上设身处地地为对方着想，万达才获得越来越多商业伙伴的青睐，最终商业伙伴也成为旁人无法比拟的商业资源。

只要有万达"城市综合体"的地方，就有一些商家的店铺存在，他们都是万达的"紧密型合作伙伴",从第一次合作成功开始,就决定与万达共进退。

在商界,有时候利益比道义更加管用。之所以能吸引到众多的忠实"追随者",是因为万达从一开始就保证了商业合作伙伴的切身利益。每一个入驻万达"城市综合体"的商家都只会盈利,不会亏本,而他们的盈利则保证了万达"城市综合体"的屹立不倒。可以说,万达与商业合作伙伴之间是一种"共生"的关系,一损俱损,一荣俱荣,既然彼此依附,那么就互相扶持,一路朝好的趋势发展下去,永远保持"共荣"的状态。

而这十来家主力商家,又成为万达招徕其他商业合作伙伴的资本。这几家大企业的存在,无形中会为小企业增添许多信心,这样它们便会主动加入万达,万达也无需为招商而发愁。

万达除了十来家"紧密型合作伙伴"外,其商业合作伙伴类型最多的还是"战略合作伙伴"。

所谓"战略合作伙伴",就是与万达的某个项目可以合作,也可以不合作。在项目开始设计之前,万达会向曾经合作过的商家发出项目信息,由商家自行选择是否再次合作。不过,万达也会给商家提出一个考虑期限,只有在期限范围内同意合作的商家,万达才会根据其需求进行店面设计,设计满意后,再正式签订合作的合同。

像这样的"战略合作伙伴",万达共有三十多家,且都是国际和国内的知名公司。既然合作,就是站在公平、平等的立场上,双方都有互相选择的权利，一旦决定合作，也会尽全力配合对方，为彼此提供便利条件。

还有一些中小型连锁企业，虽然与万达算得上"紧密型合作伙伴"，但因是中小店，所以不是主力店。对于这样的商业合作伙伴，可以将其归类为"非主力型紧密合作伙伴"。

这三种商业合作伙伴不仅是万达的商业资源优势，更是其强有力的核心竞争力。有这些店铺紧密跟随，无论万达"城市综合体"开到哪里，店面都不会空置。

他们是万达的动力，也是万达的压力。然而有压力才能有进步，因为要保证商业合作伙伴的利益最大化，万达就必须朝着更好的发展去努力。

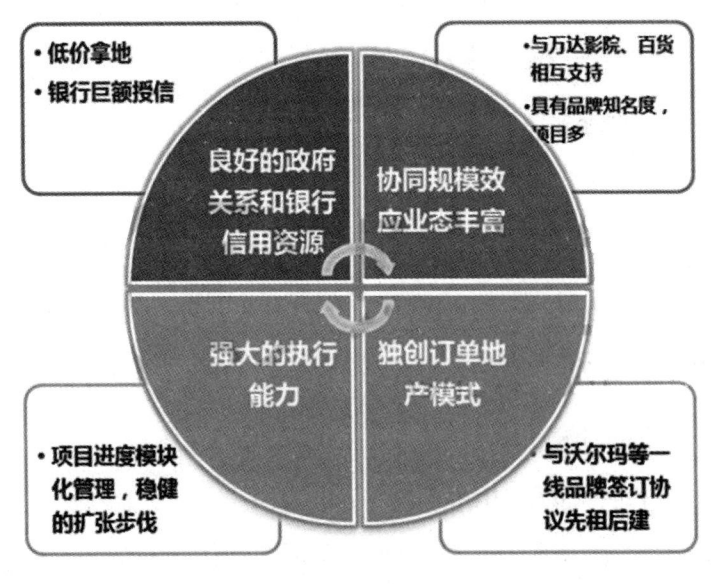

万达地产核心竞争力

因为别人想不到的，万达能想到；别人做不到的，万达能做到；别人不具备的能力，万达统统具备，因此万达才收获了高度的市场认可。

万达的商业模式决定了其品牌效应，在中国，万达已经成为了一个全国性的商业地产商，万达也因此有资格以更低的成本拿到更好的地块。

万达也从未辜负过每一个拿到手中的项目，从未辜负过人们对其品牌的信心。每一块拿到手中的地皮，万达都没有浪费，在这块地皮上建设起来的项目，也最大程度地带动着周边的发展，甚至能将整个城市都带动起来。在万达的带动之下，周边的地皮价格会迅速看涨。

优秀的业界口碑，极佳的品牌效应，源于万达多年来在商业地产领域的不懈努力，而正是这样的成绩和努力，也为它带来了资源上的巨大优势。

如今已经进入一个讲求资源的年代，许多企业都在暗地里较量谁手中的资源更多、更有分量。然而，商业资源有时候并不是越多越好，只有像万达一样懂得选择资源、整合资源，留下最适合的，淘汰有可能拖后腿的，如此才能保证将商业资源化为企业发展的动力，快速地将企业做大、做强。

同样，商业资源可以帮助企业在差异化竞争中占有一定的优势，所谓差异化竞争，就是不靠价格战，而是另辟蹊径，出奇制胜。在中国，大部分企业依然在靠无差异竞争打天下，那就是只打价格战，但是在国际上，有实力的大企业都不会轻易打响价格战。

差异化竞争的方式多种多样，可以靠服务，也可以靠商业资源，最重要的是企业是否能充分利用自身的优势，是否能够引领一个全新的趋势，并成为这一趋势中的佼佼者。

4. 资本也是核心竞争力

翻开词典，对"资本"一词的解释有许多种。最基本的含义是"有经济价值的物质财富或生产的社会关系"，这样的解释听上去让人有些茫然，似乎西方经济学对"资本"的解释更容易理解一些，那就是"生产出来的生产要素，是耐用品"。

不过，这样的解释放到现代社会，就显得有些狭隘，于是人们又将"资本"的概念进行了扩充，将"物质资本、人力资本、自然资源、技术知识"都归纳进"资本"当中。

对于企业来讲，资本则是"投入生产经营，能产生效益的资金"。归结到最终，金钱似乎才是企业最重要的资本。在政治学上有句话："资本是第一生产力"，那是因为"资本处于主动，劳动处于被动；资本可以改变劳动力水平，提高创造财富的能力；资本包括科学技术、劳动技能和先进的机器设备；资本是产生剩余价值和超额剩余价值的首要条件"。

2016年，万达集团以一百亿作为资本，在上海注册成立万达金融集团，在已经拥有网络金融、飞凡科技、投资、保险等公司后，又并购了上海海鼎17.57的股份，拥有其绝对控股权。

这不得不说又是万达凭借其雄厚的资本打赢的一场胜仗，回首万达二十多年的发展史，所走的每一步都与资本脱不开关系。

自从 2001 年决定进入商业地产行业的那一刻起，王健林就知道这是一个处处离不开资金的行业，没有一定的资本，根本无法在这个行业立足，甚至没有办法迈进这个行业。

在从事商业地产行业之前，王健林做了一次市场调查，主要是为了了解一下世界上究竟有多少房地产公司正在从事商业地产行业。

调查的结果让他吃惊，全世界只有不到 3% 的房地产企业正在从事商业地产，而在中国，这个数字更是减少到不到 1%。这是一个既令人惊讶又令人兴奋的结果，恰恰符合王健林不愿意与别人做一样的事情的个性。越是没有人做的事，越是隐含着巨大的商机。

在决定正式投入商业地产行业之前，王健林曾进行过长远的思考，也下了很大的决心。他的目光放在了资金上，按照以往从事住宅房地产的经验，他从中发现了一个极大的弊端，那就是现金流太不稳定，尽管公司的发展前景非常好，可没有现金流，就意味着没有朝更大目标发展的能力。

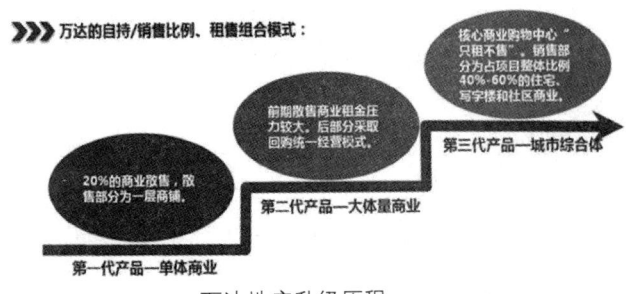

>>> 万达的自持/销售比例、租售组合模式：

20%的商业发售，散售部分为一层商铺。
第一代产品—单体商业

前期散售商业租金压力较大，后部分采取回购统一经营模式。
第二代产品—大体量商业

核心商业购物中心"只租不售"，销售部分为占项目整体比例 40%-60%的住宅、写字楼和社区商业。
第三代产品—城市综合体

万达地产升级历程

做出从事商业地产的决定后，万达的许多员工并不理解王健林的意图，他们认为住宅房地产做得好好的，没有必要转型，虽然这种转型并不是从零开始，但公司所有人都要重新适应这个全新的行业。

为了让所有人都明白自己的苦心，王健林不厌其烦地对大家解释：从事房地产开发行业的人一定会越来越多，但中国的土地资源也是有限的，房地产蛋糕再大也有被吃完的一天，蛋糕剩得越少，价格就越高，到时候这些"吃蛋糕"的房地产人一定会越来越吃不饱。

可是即使这样说，仍有许多集团的元老不同意王健林的看法，他们认为这是在自找麻烦，商业地产已没有值得深挖的内容，发展空间已基本定型。他们还担心万达将精力投入商业地产，会在一直擅长的住宅房地产方面分心，会丢了西瓜，捡了芝麻，后果将由所有万达人一起来承担。

为了说服大家，王健林甚至还撂了句"狠话"："世界五百强企业排行榜中没有纯粹只做房地产的公司，因为住宅开发存在临界点。"

这一句话似乎让大家清醒了过来，的确，成为世界五百强企业是当时万达公司所有人的梦想，他们不能眼睁睁地看着这个梦想还没有实现就被现实断送掉。其实，不仅是王健林渴望万达能走出大连，发展成为全球连锁的大型企业，万达的每一个员工也都心存这样美好的愿景。

即便曾经有无数人在开发商业房地产的过程中遭遇了失败，有那么多有分量的人站在王健林的对立面，他还是决定要带领大家一起干。

就这样，大家开始全身心投入商业房地产这件事情，在一次会议上，王健林说："卖住宅收钱，是一锤子买卖，而商铺既可租，又可卖，还可自营，能长期获利。"

这句话更加坚定了大家的信心，不过，对于究竟应该怎样做，王健林的心里也有一些含糊，因为这是万达从来没有涉足过的领域，只能一边做，一边摸索经验。他给自己定了一个五年期限，如果到了2005年底，自己和团队的成员依然没有摸清商业地产的套路，那么就及时抽身，不再继续浪费时间。

为了将万达做成一个品牌，王健林决定将八个城市作为调查试点，这是一次有关品牌知名度和品牌特征认知的市场调查，八个城市的消费者大多都知道万达这个企业，在品牌知名度方面，万达取得第五位的排名。

可是当王健林看到品牌特征认知度调查时，却笑不出来了，因为大多数消费者根本无法清楚地说出万达是从事什么行业的企业。当时大连万达足球队的知名度十分高，甚至有人认为万达是做体育事业的公司。

这是一次对王健林的打击，但同时也是一种动力，更坚定了他要集中精力做好商业地产的决心，让万达成为每个消费者心目中的知名地产企业，再将万达的品牌转化成商业利益。

1988年王健林开始创业时，面临的第一个困难就是资金短缺，2001年决定进入商业地产行业，王健林又面临资金短缺的困难，这一次资金的前面又加上了一个限制，那就是必须要有能长期使用的资金。

商业地产听上去简单，实际上却是一个十分复杂的行业，因为它既包含商业，又包含地产，此外还包括投资和金融等方面。如果没有足够的、能够长期使用的资金平台，即便进入这个行业，也难以长期维持下去。

王健林再一次想到了向银行贷款，此时的万达，贷起款来早已不像公司刚成立时那么困难，很快就顺利地拿到一笔为期两年的贷款，并立即投入购物中心的建设工作中去。

虽然从银行贷款已经变得容易，但这只能算是短期融资，如果国家的宏观调控没有改变，万达靠银行投资还可以撑上一段时间。

然而，世界在变，国家的宏观调控也在变。因为想要从事某些行业的人太多，国家不得不强行限制该行业的极端发展。巧的是，万达正在建设的购物中心，就被国家列入宏观调控的范围内，按照规定，购物中心成为被限制发展的行业之一。

王健林的眼光向来放得长远，他就像一个下棋的大师，每落下一子，就已经想好了后面的许多步。在国家的宏观调控政策正式出来之前，王健林就在董事会上宣布，除了已经开工的购物中心要继续建设外，其余正在计划中的项目一概停止。

空出来的精力，他要去做一件更加有意义的事情，那就是全心全意地寻找投资者，为万达拉来长期投资，还上从银行借来的钱。

王健林果然成功地找到一位战略投资者，一下子手头有了几十亿元的流动资金，在银行催债之前，就还上了所有贷款，手上的一切项目都得以顺利进行。

当商业地产经营得顺风顺水之后，万达的融资手段也变得越来越多样。当国家出台《关于规范房地产市场外资准入和管理的意见》，规定每个项目都要设立专门的公司之后，万达决定，一定要打通海外的融资通道。

其实，国家的规定几乎是专门针对投机者的，只要是抱着长期投资的态度，利润的回报并不会减少，改变的只是收回利润的时间而已。

于是，万达决定把所有新开发的项目全部重新注册新公司。从境外来看，这样做之后，现金回报率显得有些低，但是随着时间的流逝，收益最终还是会全部回到腰包里。

另外一种融资方式是在被逼的情况下想出来的，那就是用物业抵押贷款。

这也是万达在最初从事商业地产行业时得到的经验。在2002年，国内的银行还不对商业地产提供贷款服务，因为商业地产只能以租金作为还款的唯一来源，并且不像用于出售的地产，只要房子销售出去，资金就能回笼，商业地产的还款时间则要拖到五年、十年甚至更久。

为了解决资金问题，王健林只好找到境外的银行，最终东亚银行等一些境外银行愿意提供贷款，但必须将正在经营的物业作为抵押。

这是一种无奈之下的选择，不过借贷了几次后，万达就成为最有信誉的贷款公司，因为万达的租金收取率都在99%以上，给银行的还款也总是十分及时。

从2005年开始，中国的四大国有银行也开展了对商业地产贷款的业务，这对万达来说简直是个天大的商机，而多年的海外贷款经历也让万达摸索出一套商业贷款的经验。

于是，国有银行中的三家：工商银行、中国银行、农业银行的总行，还有两家股份银行，都成为万达的合作伙伴，甚至还和万达签订了一份银企合作协议。

按照与每家银行的协议，万达在单独的任何一家银行都有几十亿元的信贷额度，这些钱可以保证万达在发展任何一个项目时都无需有太多顾虑，尤其是在需要解燃眉之急时，这些钱更是能派上大用场。

农业银行还把万达作为"房地产企业金融改革试点"上报给了央行，央行批示，万达集团的总部可以直接与农业银行的总行进行总行对总部的合作。只要需要贷款，总行就可以直接进行审批，省去了许多不必要的麻烦和时间，只要万达能够保证四证齐全，农行就能保证资金到位。

成为投资者最青睐的企业，就是万达的资本。这是一种相辅相成的关系，能够拿到投资，万达才能在现有基础上继续发展；万达发展的越来越好，投资者才愿意把自己的钱注入万达集团。

万达正在一步一步地实现海外扩张计划，它不仅能成为一个跨国集团企业，更能成为一家全球性连锁集团。因此，在海外上市是万达必须要走的一步棋。

所谓房地产信托基金，就是一个商业房地产证券化的工具，将有型的商铺转化成无形的资本。

细数国外购物商圈的资金，都是由房地产信托基金支撑起来的。万达想要发展，必须参照国外的成功案例，也建立起一支支撑房地产的信托公司，再将这支信托基金在海外上市。

作为中国企业，想要在海外上市，并没有那么简单。万达与澳大利亚麦格里银行合资在境外成立了中国基金，预计筹集资金一亿美元。

在上市之前，必须通过穆迪、标准普尔这两家世界权威评级机构的评级才可以。

值得高兴的是，万达在两家评级机构中的评分分别为 A+ 和 A++，从来没有任何一家中国企业可以得到如此高的评分，这完全是因为万达有足够的资本和竞争力。

在国际上都能取得如此优异的成绩，在国内，万达更是各大金融机构的宠儿。之前提过，农业银行曾经在 2006 年开始就将万达作为"房地产企业金融改革试点"，打开融资的"绿色通道"。

由于种种原因，万达在海外上市的计划最终还是面临一系列阻碍。不过，万达立刻改变了策略，决定在国内的 A 股上市。听说这个消息，几个世界知名的风险投资银行以及国内的几大顶级证券商主动找到万达，希望能为万达提供服务。

国际和国内各大金融机构的认可，就是万达的资本。即便不能立刻转化为金钱和收益，在万达需要的时候，金钱也会随时兑现。

各大金融机构对万达的欣赏，并不是盲目认可。搞金融的企业都有着十分理性和冷静的头脑，且都善于用"发展的眼光"看事物。

他们会用"发展的眼光"来分析企业是否有在未来长远发展的潜力，而这样的企业也必须极具自控能力。

从事实来看，万达的确是一个十分具有自控能力的企业，这种自控能力，首先体现在对金钱的态度上。

万达有一套专门的成本预警制度，只要项目的成本超过了计划书的范围，马上就会进行提示，工作人员要立刻进行分析和处理。

"只有爱钱,钱才爱你"这句俗话似乎不无道理。"爱钱"并不是视财如命,甘当"守财奴",而是要爱惜金钱,用起来有节制,把钱花在刀刃上,不花冤枉钱,不过度消费,把支出的钱控制在合理的范围之内。

在管理学中,资金、人才同样都是企业资本。人才资源的竞争直接关系到企业的核心竞争力。一家好的公司,不仅要懂得选拔优秀人才,更要懂得培养人才、重视人才,并且留住人才。而人才资本是竞争对手在短期内无法模仿的,如果能将优秀人才长久地留在企业当中,企业自然就会具有稳定发展的可持续性竞争优势。

第四章
反思：教训胜于经验

1. 3年内被告了222次

俗话说"失败乃成功之母",世上鲜有不经历失败而得到的成功,如果有,那就是命运之神的眷顾,将仅有的一个雨点砸到了你的头上。

人人都在追求成功,没有人愿意永远在失败中挣扎,然而失败的经验却比成功的经验更加重要,它让你的成功变得更有价值,也让你从众多失败中找出原因。

不过,只有有智慧的人才会从这样的角度去思考失败的价值,一次跌倒,可以让你避免在同样的地方再次跌倒。同样,一次失败,可以让你避免在人生的旅途中再次陷入困境。

成功的经验很难被复制,世界上找不出第二个巴菲特和比尔·盖茨,同样,也找不出第二个王健林。

不过,你虽然无法复制王健林的成功,却可以了解他经历过的失败,从中学到经验和教训。也许你成不了第二个王健林,却可以成为成功的你自己。

王健林选择下海经商,与他从少年时代当兵的经历密不可分。商人与士兵,两个看似不相干的行业,却在命运的安排下,一步步向彼此靠近。

因为在部队出色的表现,王健林获得了当团职干部的机会,那时的他还不到三十岁，意气风发，是部队里最年轻的干部之一。后来赶上了中国百万大裁军，王健林只好转业到地方，成为政府的办公室主任。

在政府办公室里，他接触到形形色色的人，有官员，也有商人。经商是当时的一个热潮，王健林不是第一个辞官经商的人，但是像他这样敢于断掉一切后路跳入"商海"的人，却是少数。

他当时的想法很简单："别人能当万元户，我凭能力应该不止万元户。"

带着这个简单的念头，王健林奋不顾身地投入经商的大潮中。此前，他的人生似乎一路顺风顺水，没有经历过太大的起伏，更没有经历过太大的失败。他也许想到，在未来的经商之路上，一定会遭遇各种各样的失败，但有从军经历的他，一定能挺住且要从中找到失败的原因及解决方法。就是凭着这种甘愿与失败做对抗的劲头，王健林赚到了人生中的第一桶金。

人生没有轻而易举的成功，更没有永远不败的神话。成功地做完了第一个棚户区改造项目后，王健林就遭遇了一个巨大的难关。

创业初期的几个项目都是王健林从政府手中拿到的，虽然这些项目让王健林或多或少赚到了一些钱，但这都是些不被别人看好，别的公司不愿做，或是政府做到一半不愿意继续下去的项目。

对于一个刚刚开始创业的企业来说，有项目就意味着有收入，为了能继续活下去，王健林接下了不被别人看好的项目。

一次，王健林拿到一个已经干了一半的工程。按照流程签订完合同后，王健林本打算好好整理思路大干一场，没想到一场突如其来的变故险些砸得他站不起身来。

搞工程处处离不开钱，而且不是小钱，是大金额的投入。每一个项目，王健林都必须靠贷款的方式筹集资金，原本并不知名的企业贷款就不容易，每一次王健林都是费尽了心思才拿到贷款的。这一次他打算像从前一样从银行贷款，可是国家的政策却突然发生了变化，贷款一下子变得难上加难。

这个做了一半的工程如果想要继续下去，至少需要2000万元的贷款，为了筹到这笔钱，王健林每天带着全部的手续挨个银行去求人，即便有土地可以做抵押，也吃了很多闭门羹。

没有钱，就意味着工程无法继续，更意味着与政府签订的合同面临违约。好在政府并没有看着王健林坐以待毙，指定了一家国有银行给他提供2000万元的贷款作为启动资金。

那家银行的行长爽快地答应了此事，王健林终于看到了一线希望，那时的他还没有理解到人性的复杂，以为这笔贷款很快就能到手，却没想到，明明答应好的事情也会变卦。

为了尽快拿到这笔贷款，王健林主动去银行找那位行长。第一次去时，刚巧那位行长不在，王健林只好空手而归。贷款毕竟是有求于银行，第二天，王健林再一次来到银行，却依然被告知行长不在。

王健林并没有想太多，以为是行长工作太忙，便过了一天再来。就这样一连去了五十多次，每一次得到的答案都是行长不在。王健林这才意识到，行长是故意躲起来不见他，那就说明这笔贷款出了问题，很可能拿不到手。

王健林执着的劲头再一次上来，他一定要见到行长，不见到决不罢休。有次运气好，王健林刚好在银行里看到了行长，可他远远地看见王健林过来，却从后门走了。行长的办公室不能轻易进去，王健林只好站在走廊上等，这种情况发生了不止一两次，最终还是没有结果。

终于有一次，王健林在银行"堵"住了那位行长，眼看"逃"不掉的行长只好用起了缓兵之计，让王健林下周二再来。王健林听话地"下周二"再来，可是却得知行长出差去了。

王健林自己已记不清被"耍"了多少次，可是为了拿到贷款，他不得不忍耐。王健林每天从银行上班的那刻起，就站在走廊里等行长，有时一直站到银行下班，也不见行长的身影。

没有人愿意和王健林搭话，更没有人愿意告诉他行长究竟有没有来。这是王健林第一次体会到卑贱和耻辱的感觉，也是这个绝不轻言放弃的军人第一次选择放弃。

一个银行行不通，王健林只好去恳求另一家银行，得到的结果同样是不能贷款。王健林只好去求负责贷款的人，但对方依然选择了躲避。

为了见到对方，王健林只好想出一个"下策"，那就是去他家楼下等。王健林的想法很简单，无论你怎么躲，到了晚上总要回家吧？到了早上总要再出门去上班吧？只要坚持，就一定能遇到。

执着的王健林在一个朋友的陪同下，来到那人家的楼下，两个人坐在汽车里傻等。大连深秋的夜晚虽然不至于把人冻坏，但是到了深夜，寒意依然有些刺骨。感觉到冷了，两人就把发动机打开，取一会暖，可又担心浪费汽油，只好再把发动机关掉，用余温坚持一会。冷了就再打开一会，如此循环往复了无数次，就这样等了整整一夜，到了第二天早上八点，那个人还是没有出现。

第二天再去等时，就变成王健林一个人，因为朋友实在觉得有些遭罪，又有些丢脸，不愿意再跟过来了。

身为侦察兵的王健林，在部队里学的就是如何侦察线索，这一套放在战场上有用，可是放在生活里却不那么灵光。他第一次知道，如果一个人存心躲着你，无论如何都不会被你找到。

求人的滋味实在难熬，可是为了企业的生存，他不得不低声下气地一再求人。即便如此，王健林最终还是没有拿到贷款，因为当时的万达不过是一个民营企业，银行认为把款贷给他风险太大。

王健林理解银行的顾虑，在无数次上门请求与等待之后，他最终选择了放弃。

对于一个执着的人来说，"放弃"两个字暗含了多少无奈与不甘？好在天无绝人之路，就在王健林一筹莫展之际，有人帮他想到了一个办法："发行债券。"

按照那个人的说法，万达必须对购买债券的人承诺回报率，而且这个回报率要远远高于银行存款利率，最好能达到20%，也就是说，购买了债券的人，第二年能拿到当初购买金额的1.4倍，这样才会有人愿意买。

这样做是否能成功，王健林心里也没底，但这是挽救企业的唯一途径，他不得不尝试。王健林没想到，债券一经推出便被一抢而空，很快就筹到了2000万元，一下子解决了启动资金问题。

王健林每做成一个项目，都要付出极大的精力，他不仅要考虑旧房拆迁、新房建造，还要考虑拆迁百姓的安置。这一次，光是筹集启动资金就耗费了他的大部分心力，更让他第一次感觉到吃不消，失眠了九天，整个人的灵魂仿佛被掏空了一般，精神都有些失常了。

第十天到了，王健林终于熬不住了，公司正在开着早会时，他一头载倒在地上，昏了过去。当他再次醒来，已躺在医院的病床上，一位女大夫安慰他"今晚就让你睡着"，还让他相信自己的医术。

也许是女大夫的话起到了心理暗示作用，那天夜里，王健林感觉到内心久违的宁静，终于沉沉地睡了过去。

做企业与做人一样，如果长时间地顺风顺水，很可能在遭遇打击时无法挺过去，因此企业和人都需要时常打击与锤炼。

2000年，已做了十几年住宅房地产的王健林，决定带领万达和全体员工一起转行，开始做商业地产。

任何成功都是在失败中摸索经验，即便有着十几年住宅房地产经验的万达，在最初做商业地产时依然经历了许多次失败。

当时王健林单纯地认为，做商业地产和做住宅房地产一样简单，造一座楼，再把底层的商铺全部卖出去，一笔生意就到此结束。

卖商铺的过程和他想象的一样顺利，毕竟万达已经成为一个品牌，人们相信万达房屋的品质。可是王健林忽略了一个点，那就是商铺的风格、地段和客流。

做住宅房地产这十几年来，万达几乎没有遇到过太大的问题和纠纷，大部分业主都是买了房子，精心装修一番，再安心地搬进去居住，只要房屋质量没有问题，就不会出现后续的麻烦。

可是商铺却不同，买了商铺的业主需要有顾客上门，如果生意不好，他们还会联合起来让开发商解决问题。这是王健林之前不曾预料到的，在最初经营商业地产的三年当中，他做了222次被告，这是一个令人咋舌的数字。虽然在这222场官司当中，万达只输掉了其中的两场，可是为了应付这些官司，公司上下都付出了很大精力。到后来，每个人的脸上都挂着疲惫的神情，根本无暇考虑公司的发展，更没有精力去开发客户。

即便是赢了官司，万达还是险些输了口碑。那些打输了官司的业主依然不服，在法院占不到便宜，就联合起来扯着横幅到街上去闹事。

这222场官司逼得王健林不得不从现有的模式中跳出来去思考问题，要想保住万达好不容易建立起来的口碑，就必须打破"盖房子—卖房子"的旧模式。这也是万达"城市综合体"的由来，事实证明，万达终于找到了适合自己的模式，如果没有经历过这么多次的失败，也许直到今天，万达还是一个在固有模式中看不到发展的房地产公司。

在跌跌撞撞中一路走向成功，才能微笑着去回忆过往的经历。一个企业的发展必将经历坎坷和风雨，无论再难再险，企业管理者都必须迎着艰险一路蹚过去。

不怕失败，也是一种胸怀。经历失败，意味着还有成功的希望，也意味着离成功更近了一步。想要到达终点，就必须带着希望前行。

失败必将经历痛苦，痛苦多了，有人就会选择放弃，其实放弃的那一刹那才是真正失败的开始，更得不偿失。

人生不如意之事十之八九，只有坚持到最后，才能成功。王健林说："如果你们想成功，就应该去创业。当然，朝九晚五、规规矩矩地生活也是可以的，但那种人生不精彩。应该勇敢地跨出这一步，勇敢地去创业，勇敢地面对人生。不管是经商还是做科研，总要给自己定一个目标并为之奋斗。经过奋斗，达到了目标，那你就无悔这个人生；若没有达到目标，你的人生也不后悔！若没有理想，没有奋斗，平平淡淡过一生，那这个人生对你来讲实在没有意义。"

美国考皮尔公司前总裁 F. 比伦曾经提出过一个观点："若是你在一年中不曾有过失败的记载，你就未曾勇于尝试各种应该把握的机会。"这句话就是管理学中著名的"比伦定律"，它将失败看成是成功的前奏，也将失败当成是一种机会，任何企业都无法在成长过程中回避失败，重要的是对待失败的态度，以及是否能从失败中总结出经验教训。

2. 撞了南墙也不回头

放弃，是一件很容易的事情，只需在一念之间，将手头正在进行的事情停止，不消耗精力，不浪费心血。而想要真正坚持一件事却困难得多，那意味着要克服重重困难，战胜所有挑战，咬牙挺到最后，最重要的是，未必会成功。

很多人不愿在与困难对战的过程中伤得头破血流，选择了放弃。但在放弃之后，却要忍受心理上难以克服的失落。若选择坚持，也许会受伤、会痛苦，但无论成功还是失败，只要尽力，心理上都会无尽地满足。

王健林说："过去讲不到黄河心不死，不撞南墙不回头，我不一样，到了黄河也心不死，我可能搭一个桥我就过去了；撞了南墙也不回头，我找个梯子就爬过去了。"

正因具备这样的精神，王健林才取得了常人难以企及的成功。他说他取得的成就是"所谓的成功"，这是一种谦虚的说法，任何人看到万达如今的发展，都知道这就是真正意义上的成功。

王健林对"坚持"的理解，源于他十五六岁当兵时的那段岁月。一个军人的基本信仰，就是不知道什么叫做放弃，王健林在部队受到的训练让他觉得放弃就代表着耻辱。

王健林最初当兵时，要进行野营训练。环境和气温是部队野营训练的第一重考验。不过，对于南方的部队来说，即便是在最冷的季节野营训练，也不至于忍受酷寒天气的折磨，可王健林当兵的地方是在东北，东北地区的冬日酷寒，如果到野外训练，就意味着要一头扎进茫茫林海雪原。

一个粮袋和一个背包，是部队野营训练时的基本装备，这看上去不多，可背在身上却有二十多斤。十五六岁的王健林个头比东北的男孩子矮了一大截，这样的负重本就吃力，可是别人没有叫苦，他更不能叫苦。

当听到这次野营训练的历程有2000多华里，而且全部都是在林海雪原中行走时，所有人都傻了眼，这个距离比从大连到北京还要多上几百华里，对于整个部队来说，这是上级下达的一个必须完成的命令，对于王健林来说，这更是对自己的一次挑战。

部队必须按照规定的时间完成野营训练，平摊到每一天的路程是七八十华里，如果赶上难走的地段，至少也要一天完成六十华里。有一段时间，部队进行了一次三天三夜的急行军，那三天里，每天要吃五顿饭，除了吃饭，其余时间都在不停地前行。

山路本就难行，且山中没有人居住，部队白天全速行进，到了晚上却连住的地方也没有。吃和住的问题都要自己解决，吃还好说，部队有炊事班，统一开饭，至于住，就只能自己就着齐膝深的大雪，挖一个"雪窝子"，钻进去住一个晚上。

那是一种常人难以想象的艰苦，再厚的保暖装备在东北的严寒面前也失去了作用，只有动起来，才能让自身散发出热度。

在林海雪原中行走的每一步都异常艰难，整个部队几乎都是在蹚着前行。那时候，王健林心中的目标只有一个，那就是决不能让自己坐上跟在后面的"收容车"，虽然那样不会遭到任何惩罚，但却代表着自己不够优秀。

王健林几乎是部队中年龄最小的士兵之一，许多年龄比他大、身体比他强壮的人走到一半都选择了放弃。在累到极致时，最害怕的就是看到有人放弃，因为这会形成连锁反应，促使自己的身体也感到累不可支，不由自主地想跟着一起放弃。

许多人就是这样没有坚持走到最后的，可王健林硬是咬牙坚持了下来。那一刻，他凭借的就是一种信念，这信念中不仅有母亲的那一句"一定要当上五好战士，争取超过你的父亲"，还有他对自己的要求——即便不能争第一，也坚决不能拖后腿。

多年后，当王健林创建了万达帝国，他说了这样一句话："人生做任何事情，要没有一种一直坚持到底的精神，是不能成功的。"

"坚持"是王健林这个企业家的精神核心。如果做不到坚持，就不要去谈什么梦想，因为再美好的愿景，到最后都要落到行动上。半途而废就不要奢望你的梦想会实现，只有坚持，才能实现梦想。

王健林的创业生涯，是从一百万元贷款和一栋楼的项目开始的，就是这最基础的打拼，中间也经历了无数的困难，不是拿不到任务指标，就是拿不到政府已经审批下来的贷款。即便如此，王健林也从未想过放弃，从那时候开始，他就给自己定了一个目标："把企业做大，做到世界第一，争这口气。"

在万达三年之内做了222次被告时，许多员工想到了放弃，王健林不是没有犹豫过，他也曾怀疑过自己的决定是否正确，但坚持让他挺到了最后。那时候，他给自己定了一个五年目标，如果五年之后还不成功，再放弃。

事实证明，如今的成功，要感谢当初的坚持，这个过程就像是挖了一口不出水的井，其实，距离水源，有时候只有一锹土的距离。

人生中最得意的事情之一，就是在经历了重重艰难险阻，最终达到目标后，回头去看之前走过的那些路、度过的那些困境和经历过的那些失败。

成功的人都有着执着而又百折不挠的精神，有人说这叫"轴"，也有人说这叫"一根筋"，可正是不愿轻易在困难面前低头，忘记还有其他更好的可能，专心致志，坚持到底，才能在没有路的地方蹚出一条路，而这条路才是成功的捷径。

如今的万达，与物业持有面积世界排名第一的美国西蒙公司几乎没有任何差距。有人会说以万达的实力取得如今的成就一定很容易，但是要知道，取得这样的成绩，美国西蒙公司用了整整一百年的时间，而万达从成立至今也不过短短的二十几年。

王健林常说，创业最重要的是创新，是做别人想不到的事情，但是他也会说："更重要的品质是要有执着的精神，要不怕失败，要千锤百炼、百折不挠。"

人们总以为只要取得了第一步的成功就实现了真正的成功，这样的定义只适合想要维持现状的人。一旦你想要扩大现有的规模，就会发现原来的一切成功只是接下来的路程的垫脚石。规模的扩大意味着管理者需要管理更大的店面、更多的员工、更专业的财务知识以及更稳定的人员架构，此外还要考虑更多的事情，不坚持将这些事情一一完善，就不能说自己取得了成功。

有人说，如果一个人为了坚持自己的梦想而丢掉了生命，这样的坚持是否还值得提倡。也有人说，古代寓言故事里守株待兔的那个人，也可算得上一种坚持，可这样的坚持又是否真的有意义。

这样的说法未免有些吹毛求疵，并不是每一个梦想都值得鼓励，也并不是每一个梦想都值得坚持。如果那个梦想会让你时刻走在危险的边缘，那么依然坚持这个梦想，是对自己的人生不负责任，也是对家人，对爱你的人不负责任。

就像王健林说的那样："敢闯敢试是一种精神，但要有一个理性的心理准备。"

每一个渴望成功的人，尤其是年轻人，都会面对各种各样的困惑和挑战。习惯了安逸的人，很少会为了梦想去坚持，即便坚持，也坚持不了太久。

也有人认为，创业是年轻人的梦想，但在王健林看来，这简直大错特错。人不能为了创业而创业，更不能为了有梦想而有梦想。真正的梦想是由心而生的，也只有这样的梦想，才能为你带来坚持的动力，而这也就是所谓的"有志者事竟成"。

只要有志向，小企业也可以做成大集团。

1989年，王健林创业的第二年，他第一次去香港，那时的香港几乎是大陆人眼中的天堂，看在眼中的一切事物都比平时见到的高级。

那时，王健林住在香港最好的酒店——君悦酒店。那里有海景酒店，还有写字楼，王健林最喜欢那里面积达到两万平方米的露天绿色平台，当时国内还从没有任何一家酒店能做出这样的景观。

在君悦酒店的露天游泳池边，王健林体会到了真正的放松。白天去过一次还不过瘾，到了晚上，他又和几位朋友专门去了一次。

在与朋友聊天时，王健林说了一句"傻话"："这一辈子一定要奋斗到有这样一栋楼。"

朋友们觉得王健林是在痴人说梦，在当时的中国大陆，一栋这样的楼至少价值20亿，这对于刚刚开始创业的王健林来说简直是一个天文数字。

听着朋友的调侃，王健林再次说了一句"傻话"："我现在虽然刚干房地产，再干二十年、三十年，还混不到一栋楼吗？"

如今回首从前，当初的那些豪言壮语和"傻话"的确值得王健林微笑，而这微笑饱含着苦涩、艰辛，更饱含着成功之后的欣慰与甜蜜。

如果王健林当初不曾立下这样的志向，也许就不会有万达的今天。1989年，王健林许下豪言壮语时，万达的年利润也不过一百万元，然而因为心中有了目标，打拼的路上变得不再空虚，到了1993年万达就拥有了属于自己的第一栋大楼。虽然该楼的规模比君悦酒店小了一些，但是王健林已可昂首挺胸地向世界宣告，他实现了自己最初的梦。

因为打拼过，坚持不懈地努力过，所以王健林才能在实现梦想后说出这样的话："立了志向最重要的是什么？最重要的是坚持，向着自己的既定目标不怕磨难、不怕曲折、不怕荣辱地去奋斗。"

经历过屈辱后的成功，比顺风顺水得来的成功更加甜蜜，因为有过四处求贷款而不得的经历，王健林才立志"这辈子一定要做大，一定要做一个商业模式，让别人求我做生意"。

身为一名企业家，需要有立大志、成大事的情怀。即便还没有成为一名企业家，只是一名初级创业者，也不能甘于在"初级"的位置上坐上一辈子。

王健林曾经把志向分成三个层面，最小的志向是为了赚到一些钱，让自己过得好，让自己的家庭过得好，虽然层次并不算太高，但至少也是一种志向。

马斯洛需求层次理论将人的需求分成五层，由低到高分别是：生理上的需要、安全上的需要、情感和归属的需要、尊重的需要以及自我实现的需要。

如果按照这个层次来划分，最小的志向是满足了前三种需要。

中级的志向是将生意做大，不仅要赚到钱，也要赚到名声。这个层次的志向已不完全是为了财富和地位，更多的是偏向精神上的追求。

最高级的志向正符合了马斯洛需求层次理论的最高级需求，也就是自我实现的需要。此时已不仅是为了满足自己精神层面的追求，更有一种为民族增光、为民营企业增光，甚至为行业增光的责任。

王健林的目标就是成为自己所从事行业的世界领先企业，他曾经借用一句广告语来描述自己的志向，那就是"心有多大，舞台就有多大"。

其实,在经商的最初,王健林并没有想到自己能取得如今的成就,那时的想法很简单,遇到困难,就一个个克服,无论如何不能轻言放弃,再苦再难,也要坚持到最后。

企业每向前走一步,他就会为自己设立一个全新的目标,创业之初的目标是吃喝不愁;等赚了一些钱,目标是拥有属于自己的一栋楼;等真的有了属于自己的大楼,目标是将企业做大做强,做成行业的领先企业,甚至做到世界五百强企业。

只要设立目标,他就会坚持不懈、持之以恒地朝着这个目标努力,他曾说过"卓越企业是有 DNA 的"。如果说企业是创业者的孩子,那么这个"孩子"的身上就继承着创业者的 DNA,正因为王健林的 DNA 中有一种叫做"坚持"的因子,万达才能获得如今的地位。

"黄河"与"南墙"都不会成为一个有志者在打拼路上的阻力,真正的阻力是你的精神、你的意志,而最大的动力也同样来自精神和意志。

据说,世界知名日用消费品公司宝洁公司有这样一个规定:如果员工三个月没有犯错误,就会被视为不合格员工,因为没有犯错误就说明他什么都没干。

不管宝洁公司是否真的有这样的制度,但至少说明一个问题,那就是"无论是谁,做什么工作,都是在尝试错误中学会的。经历的错误越多,人越能进步,这是因为他能从中学到许多经验"。提出这一观点的是美国管理学家彼得·杜拉克,他认为,没有犯过错的人,决不能将他升为主管。

这一理念放在战场上也同样适用,没有犯过错误的将军,绝对不能带出一支优秀的军队，因为没有犯过错误，就意味着实战经验不够。

　　王健林是万达帝国的领头人，他的地位就相当于战场上的将军。在商场，他身经百战，犯过一些错，吃过一些亏，但也从中吸取了许多经验，更懂得有些事情只有坚持，才能取得好的结果。

3. 亲手炸掉15个亿

有人说，成功就是胆识加魄力。这样的说法未免有些片面，然而不得不承认，成功的路上的确少不了敢于推翻一切成绩重新来过的魄力。

魄力不是单纯的勇敢，它可以为胆量注入智慧，让胆量在勇气的光华中无限延伸。魄力同样意味着冷静，它让人懂得审慎思考，在任何情况下都不会鲁莽行事。

更多的时候，魄力诞生在与困难斗争的紧要关头，甚至可以力挽狂澜、起死回生。

成大事者必须具备敢于挑战困难、不怕失败、从头来过的魄力。

万达发展到如今的规模，并不是一路顺风顺水，中间经历过无数次的坎坷与挫折，甚至经历过几次重大的失败。如果王健林的魄力不够，万达很可能在最初的失败中一蹶不振，再也抬不起头来。

每一次失败的经历，仿佛都让正在前行中的万达掉进一个巨大的"坑"里，包括王健林在内的全体万达人员，不得不手脚并用地支撑着企业从"坑"里一次次地爬出，重新修整好伤痕后，继续上路。

王健林觉得，万达第一次掉进"坑"里，就是决定从经营住宅房地产改为经营商业地产的那段时间。

众所周知，万达从住宅房地产转向经营商业地产是从 2000 年开始的。千禧年的开头似乎是一个良好的开端，王健林也正是抱着这样的信心决定开始转型的。

当时的万达因如日中天的足球事业、连续五十五场的不败记录，成为家喻户晓的品牌。创业十二年，正是一个企业蓬勃发展的最好时机，决定在此时转型，不得不说王健林具有常人难以企及的魄力。

王健林是一个从军营中摸爬滚打出来的铮铮铁汉，他重情重义、铁汉柔情，总是把解决身边每一个人的困难当成自己的责任。

只要老战友来投奔他，统统留在万达工作，有些刚刚认识的人，只要听说他们有困难，他也会愿意帮一把。

一次王健林到伦敦出差，他从前的一名下属刚好移民到英国，特意赶来接机。那位下属当初移民来英国，是希望在发达国家过上更好的生活，但事实并不如想象的美好，来到英国后，生活反而大不如前，变得很窘迫。

王健林到了伦敦后，听说这位下属的经济条件并不宽裕，马上拿出身上全部的钱，希望资助一下他在国外的生活。

他不仅关心跟着自己打拼过的人，就连对那些素不相识的可怜人，也总是表现出铁汉柔情。

只要听说哪里受灾，他就会积极捐款赈灾；偶然在电视上看到一个可怜的孩子，生活条件十分困难，他便专程让下属给孩子送去捐款。

王健林的柔情一旦激发起来，思维就变得很单纯。他曾经看过一部叫做《血钻》的电影，故事发生在20世纪90年代正处于内战时期的塞拉利昂，一个雇佣兵和一个渔民被一颗罕见的粉色钻石紧紧地联系在了一起。

他们从来没有想过，一颗钻石可以改变一个人的生活，也可以毁灭一个人的生活。渔民并不是第一次和钻石打交道，他在乱世中被人强制带到钻石矿，在那里开采钻石。政府军对钻石矿发动袭击时，渔民刚好发现了一颗罕见的粉色钻石，就趁乱把钻石藏了起来，不久便成为政府军的俘虏，在监狱中遇到了因走私入狱的雇佣兵。

两个人的故事围绕着这颗粉色钻石层层展开，王健林看到的却是为了开采矿石，有太多人付出了鲜血和生命的代价。从此以后，他再也不佩戴任何钻石饰品，他觉得，每一颗钻石上面都沾染着开采工人的鲜血。

决定让万达转型，不仅是一种魄力，也是一种善心。为了给员工找到一条长久谋生的道路，王健林想到了更加稳定的商业地产。

1998年时，房地产还被国家确认为支柱产业，那时房地产市场的钱非常好赚，可王健林却已看到该行业的隐忧。

王健林说："如果你能最早发现'坑'，你就有可能最早找到解决方案，你就拥有战略先机。万达今天的成功，根源是早走十年的战略优势。所以说，发现'坑'比跨过'坑'更重要，如果连发现都没有，那就只能祝你好运了。"

建造物业，收取租金，无疑是最稳定的现金流。王健林曾把这个想法拿到会议上与众高管讨论，没想到他们一致反对，只有他自己一个人赞成。

对于当时的万达高管来说，商业地产是一个完全陌生的领域，有太多的未知和不确定性，没有人愿意冒这个险，关键时刻，依然是王健林的魄力占了上风。

他的魄力让他义无反顾地跳进了商业地产的"坑"里，自己也被狠狠地"坑"了一次。

第一家万达广场开在长春市重庆路上，刚开始从事商业地产，万达并不懂得规划设计，以为只要能招来一家大品牌的合作企业，周边的商铺和房子就都能卖上高价。于是，国际连锁巨头沃尔玛超市成为万达的目标，经过几番努力，万达终于取得了沃尔玛的信任，签订了合作协议。万达也在沃尔玛超市的旁边建造了许多商铺，果然销售得非常好。

可是，随着商铺销售一空，问题也就随之而来。去逛超市的人大多是女性和老人，而超市周边的商铺因为售价高，自然是一些高端商品，但家庭妇女和老人并不是它们的目标顾客，因此生意十分惨淡。

业主没有生意，自然将责任怪罪到地产商身上，他们聚集起来闹事，向万达索求赔偿，几乎与此同时，万达在沈阳的项目也出现了失败的端倪。

沈阳太原街万达广场失败事件之前已提过多次，这一次，要详细说一下失败的原因与后来的改造过程。

最初建成的沈阳万达商业广场，是一个占地6万平方米，建筑面积23万平方米的项目，共规划了四座楼，沃尔玛、百盛购物中心都是当时的主力店。四座楼中的一座，有三层300多个商铺用来出售，每平方米的售价为3-6万元。

万达原本以为将商铺卖掉就大功告成，没想到业主购买了商铺后，投资回报率极低，甚至有些买家的投资回报率为零。

于是，许多买家联合起来与万达打官司，虽然万达最终赢得了官司，但王健林心里却有些过意不去。他不能就这样眼睁睁地看着业主们赔钱却无动于衷，他必须寻找办法解决问题。

他先请来许多专家，为其提出解决方案。有的专家说，这个地方缺一个盖，只要能挡住雨雪，生意就会好起来。万达便投资几千万元为建筑加了一个盖，可生意并没有好转。

后来又有专家说，这里跟地下室间的交通不好，要在几个位置上增加几部扶梯。王健林照做了，可业主的生意依然不见起色。

这时又有人说，是因为商家不对，如果换一批做批发和小商品的商铺，生意就会好起来。王健林就更换了一批商家。

经过一番折腾，三四年时间过去了，商家也换了五六批，可是商铺的生意依然不温不火。王健林和他的团队终于意识到，这是这座建筑的"先天毛病"，光靠后天的改造已无法改善。

为了彻底解决这个问题，万达先后召开了二十几次会议，专门探讨解决办法。最终大家的结论竟然出奇的一致，如果不把这个项目彻底毁掉，无论怎么都救不活。

这不是一件小事，业主购买商铺时很容易，而如今想要再把商铺从业主手中买回来却不那么容易，很可能会有业主趁机开出天价，但不这么做，问题永远无法解决，万达辛苦打拼了十几年才换来的好名声很可能就要毁在这里。

虽然大家都认为只有把这个项目毁掉重新建设才是解决问题的最好办法，可对于究竟要不要这样做，还是出现了很大分歧。最后，王健林用一句话打消了所有人的顾虑，他说："我们已经把商业地产作为我们企业今后发展的核心产业，而且我们要发展得很好。我们要出去'忽悠'说，我们做这个商业地产是专家，如果这时候沈阳这个毒瘤、这个反面教材摆在这儿，我们怎么出去'忽悠'？"

大家终于被王健林说动，纷纷同意把商铺从业主手中买回来，再把这个辛苦建设起来的项目炸掉。当初卖掉商铺之后，万达到手的钱是6.1亿，而经过了三四年的谈判，把商铺一个一个从业主手中购买回来，却花掉了10亿。再加上炸掉这个项目的成本，万达一共"炸"掉了15亿。

这15亿换来了万达的口碑，许多业主觉得万达是个负责任的企业，在领钱时甚至放弃了，因为他们知道万达还会开发另一个项目，就决定直接用这些钱购买万达的另一个项目。

单从项目的开发上讲，万达的确经历了一次失败，然而在事件发生后的处理方式上，万达无疑取得了巨大的成功。

这次事件给了王健林最沉痛的教训，可这件事却坚定了他要发展不动产的决心。这次事件后，王健林对大家讲了一句话："把这个槛迈过去，以后就没有迈不过去的槛。"

失败并不可怕，可怕的是不会从失败中吸取经验教训，下一次依然犯同样的错误。

从沈阳太原街项目失败的阴影中走出来的万达，开始集中精力分析这个项目失败的原因。他们发现，除了项目在结构与规划中有不合理的因素以外，在后期的运营过程中也有许多不尽如人意之处。

首先就是招商不合理。原本美国沃尔玛、美国时代华纳影城、新加坡美食广场、台湾灿坤数码广场、德国欧倍德、台湾大洋百货、红星美凯龙家具广场七大企业都将入驻万达广场，可最终由于种种原因，新加坡美食广场和华纳国际影城被安排在了二期开发的项目中，德国欧倍德和红星美凯龙压根就没有谈成合作，台湾大洋百货也被马来西亚百盛购物中心代替。

于是，业主就把矛头指向万达的"虚假宣传"，说是这些大型企业的退出，导致了万达广场没有足够的客流。

而在购物中心的规划和管理方面，当时的万达也没有做到尽善尽美。就像当时万达在会议上分析出来的结论，万达的失败是"先天的毛病"，在建设时，商铺采用的是"买一送一"的销售方式，可是到了业主手中的商铺，上层基本闲置，根本无法带来收益。

而万达在客源与店铺的档次上也犯了与长春万达同样的错误，主力店吸引来的客流根本无法形成商铺的潜在客户。

这就是理想与现实之间的差距，当初在销售商铺时，万达在宣传中告诉买家，可以得到8%以上的投资回报率，但这根本无法实现，让业主感到了极大的落差。

知道自己错在哪里，就知道该如何去改正。最重要的是不要惧怕失败，王健林曾说过，"做生意就像搞科研，失败永远多于成功。是否能在经商的过程中取得成功，关键要看你对待失败的态度。如果在失败面前你感到惧怕，从此停滞不前，那么你离成功，永远有一个失败的距离"。

在亲手炸掉15亿这样的巨大失败面前，王健林没有选择放弃，他吸取了失败的经验，并一一进行改正，又继续坚持了五年。五年间，王健林和万达都在共同完善自己，到了第五年，也就是王健林给自己和万达设定的最后期限，万达"城市综合体"的模式终于一举成功。

万达"城市综合体"的项目同时在北京、上海、宁波三个城市建成，一下子获得了广泛好评。如果没有当初的坚持，就不会有如今的万达"城市综合体"，甚至连万达这个企业也可能不复存在。

坚持着这股不怕失败，敢于和失败"玩儿命"的劲头，万达又开始涉足其他行业，同样也遭到了反对声音，但是王健林已经有了战胜失败的经验，他知道失败不过是只纸老虎，只要你不怕和它拼命，它就会在你坚定的目光下退缩。

4. 用万达干掉万达

左右手互搏是武侠小说中武功的最高境界之一，它的诀窍就在于"一心二用"，用自己打败自己，两套武功同时由左右手分别使用，形成一股近似于无敌的强大合力。

军人出身的王健林虽然没有学过武功，但却深谙左右手互搏的巨大威力。如果能将这股合力良好地运用，万达有朝一日终将成为一个永远不会被打败的品牌。为了实现这个目标，王健林曾经放出话来："用万达干掉万达。"

万达发展到如今，已成为拥有万达商业、万达影院、AMC 院线公司、万达酒店四家上市公司，以及万达影业、万达体育、万达电商、万达旅业、万达金融等多家公司的集团型企业。

经过二十几年的发展，万达即将走入自己的"而立之年"，不过作为一家老牌地产企业，王健林也不得不承认，互联网的快速发展给万达也带来了不小的冲击，尤其是在市值方面，有些互联网公司竟然领先了万达一个十分悬殊的差距。

任何一位有野心的企业家都不能眼睁睁地看着自己擅长的领域被另一个领域所取代，王健林也必须为了万达的未来殚精竭虑。

万达在二十几年的发展历程中，共经历过四次重大转型，每一次王健林都起着至关重要的作用。可以说，正是因为他在每一次转型过程中有着精准的眼光，才有了万达如今的发展。在四次转型成功后，王健林又提出了第五次转型的目标："2211战略。"

这并不是什么军事战略的代号，解释起来也十分简单，就是两个"2"，两个"1"：到2020年，让万达做到企业资产2000亿美元、市值2000亿美元、收入1000亿美元、利润100亿美元。

王健林曾说过零售行业永远不会被电商取代，不过在当今的世界，企业的发展同样离不开互联网。因此，王健林也说："线上往线下走不容易，线下往线上走也不容易，但最难的是线下……它是体力活……互联网一定要和实体结合，所谓互联网+。"

自从进入商业地产行业，王健林就已经预见到即将面临的诸多困难。即便是选择在一个领域里坚持下去，也要顺应时代的变化做好一次又一次转型的准备。这种转型并不是不断地尝试全新的领域，而是尝试用更多的方式在同一个领域里站到巅峰的位置。

战场上没有常胜不败的将军，商场中也很难找到永远屹立在行业巅峰的企业。人生总有起伏，企业的发展也注定有高有低。万达所选择的商业地产行业，也总有一天会面临其他行业的冲击。2016年，万达将商业地产的收入从1640亿降到1000亿，640亿的差额不是一个小数字，却是王健林有意地走出的一步棋。

他要让这640个亿引起一连串的连锁反应，正式让万达开始一个"万达颠覆万达的历程"。

万达前行的每一步，王健林都已做好了充分的准备，这与行军打仗有些类似，每前行到一个位置，中途就会安排好一个暂时修整的驿站，而每一次修整过后，万达都将在下一个战役中占领一个高地。

"用万达干掉万达"的第一步，就是与购物中心做联合体。万达广场到店访问人次早已突破 20 亿，而王健林为万达广场指定的下一个目标，就是在 2020 年到店人数突破 100 亿。而与苏宁云商做联合体，就是为了实现这一目标定下的基本战略，这意味着万达已开始了线上和线下商业的整体布局。如今，已经有 40 多家万达广场进驻了苏宁云店，这只是强强联手的第一个阶段，而第二个阶段，万达要与地产行业的翘楚进行地产领域的强强联手。

说到地产行业，许多人脑海中第一个浮现的品牌就是万科。无论是外观品质还是房屋质量，万科都是一个走在行业领先地位的企业。万达与万科，同是"万字辈"的两家企业，一旦联手，将会产生一种类似核能量爆发的化学反应。

万达与万科做联合体的主要方式，就是两家企业联合起来拿地，再携起手来一同开发，万科负责其中的住宅部分，而万达则负责其中的商业部分。

两家企业都负责自己擅长的领域，互相弥补彼此的不足，也让整个项目的优势无懈可击。

这是一种"1+1 > 2"的合作方式，走完这一步，万达并不认为自己已经取得了真正的胜利，想要实现目标，还要依靠一个重要的技能，那就是"大数据中心"。

中国甚至全世界都已进入一个数据化的时代，万达曾经明确表示"未来的商业运营是基于信息化的"，这就要求万达必须建立起完善的大数据平台。

人们只知道万达在商业地产领域做出了出色的成绩，却很少有人能具体说出万达究竟出色在哪里，以下数字能让人真正了解万达的实力。

如今，万达已进驻国内26个省,89个城市，建立了133座购物中心，其中包括2万个商铺。这2万个商铺中，包括5000多个品牌是常年跟随万达的企业，万达为他们带来了超过20亿的客流量，年销售额已超过1500亿元。

不得不说这是一个个令人咋舌的数字，数字代表着成就，同样也代表着压力。这么多的商铺、商家、客流、销售额，都需要一个规范的数据平台来进行管理、统计、分析，否则，客流再多，也不过是白白增添了数字后面的"0"而已。

为了更好地服务客户，为万达未来的走向找到明确的道路，万达已经在大数据平台上建设了四大平台：会员管理平台、积分联盟、智能支付、营销运营品台，甚至还投资100亿在成都建设了一个云计算中心，主要负责计算分析怎样去运营万达广场的庞大客流。

万达的"城市综合体"包括购物中心、公寓、写字楼等建筑，总结起来，这些都算是重型资产，也让万达在商业地产领域获得了极大的成功。

可就在万达"城市综合体"经营得如火如荼时，王健林的目光却早已放在了更加遥远的未来，他要将重型资产转变为轻型资产，不再涉及房地产销售，甚至连资金都不由万达自己出。

万达早已被打造成一个极具价值的商业品牌，它足以成为吸引投资人投资的资本。王健林决定将万达的轻资产经营方式打造成一种准金融投资行为，说白了，就是由万达负责设计、建造、招商、运营、管理、电子商务等方面，钱则由投资方来出，而这才是"万达颠覆万达"的真正意义所在。

与此同时，互联网与文化产业的齐头并进，又推动着万达朝着庞大的全球性文娱帝国迈进。

如今，万达的文化集团包括影视、体育、旅游、儿童娱乐四大板块。2015年，这四大板块的总收入已达512.8亿，然而这仅仅是一个开始，万达依然在不停地寻找适合收购的企业和品牌，这是一种投资行为，也是对万达产业链的一个完善过程。

万达已不再只依赖商业地产这一条腿走路，而是多条腿共同发展。万达的影视控股集团包括在国外的影视制作、发行、放映企业，其中万达影院、AMC院线公司、万达影业、五洲电影发行等都是万达的主要资产，也许在不远的将来，万达会成为一个真正的影视帝国。

从2005年注册成立以来，经过十余年的发展，万达院线已被冠上"中国院线第一股"的头衔，其最高市值已超过千亿。不过，令人感到意外的是，在万达的发展道路上，唯有这一步是王健林不曾计划过的。

原本王健林只是打算让万达涉足影视产业，而他也为这一步路寻找好了合作商——上海文广集团和时代华纳集团，可就在万达将一切工作做好，准备进入影视产业时，这两家集团却选择了放弃。

无奈，万达成立了自己的影业公司。不过，万达是幸运的，自从成立影业公司，中国的电影市场就出现了爆发式增长的势头，如今万达院线的票房收入、市场份额、观影人数已连续多年高居国内影视院线的榜首。

万达通过并购扩大时常份额的脚步依然没有停歇，2016年初万达院线上一年的全年票房收入已达80亿元，其中65%来自线上，这说明万达的"互联网+企业"战略已经成功。

在万达影业，王健林个人持有20%的股份。为了让万达影业成功上市，万达已开始进行新一轮的融资，而为了上市所需筹备的一百亿元资金已遭到疯抢，这代表着所有人对万达的信任。

"互联网+"已不仅仅是一个概念，万达通过亲身实践将它变成可能。王健林为万达影业制定的上市最后期限是2016年年底，无论是通过借壳上市还是独立上市，都不会让人对万达影业未来的成功产生怀疑。

在万达"多条腿"行走的战略中，体育也是至关重要的一步棋。自从万达在2015年成立万达体育控股集团以来，观赏性体育、大众参与性体育、服务性体育已经成为其三大核心业务。

在体育事业方面，万达虽是个新人，但在赛事版权方面、与媒体和社区的互动方面，甚至体育消费品和健身场所方面，均已取得超出预期的业绩。

王健林曾说："万达并购体育产业绝不是心血来潮，我们也不是别人口中的中国土豪，什么都买。万达一贯并购都是只买自己的业务、战略需要拓展领域的相关资产，同理我们做体育产业并购也遵循这一基本逻辑，我们并购的体育业务将很快在中国落地。"

回首万达并购体育事业的道路，每一步都是大动作，这仿佛是王健林精心布置好的一盘棋局，每一步都在有条不紊地进行。万达先是并购了马竞、盈方体育传媒、WTC 等公司，之后再收购意大利足球营销公司 Gsport 和体育传媒公司 Sport09，2016 年又成功地成为国际足联的赞助商，也因此获得国际足联下属赛事的各种权益。

万达在体育事业方面的目标，是成为全球第一个体育产业收入突破百亿元的企业，事实证明，这并不是空想，也不是一个漫长的过程。按照王健林的预期，万达的体育世界最晚在 2017 年成形。

"用万达干掉万达"听上去是一个十分疯狂的举动，而正是这样一个看似疯狂的提议，在给万达无形压力的同时，也提供着无限的动力。

企业需要对手，否则就不会进步，放眼国内外，但凡一个实现垄断的企业，都会忘记怎样去经营得更加完善。没有竞争，就意味着原地踏步，中国近二十年的快速发展，就是因为在每个行业都崛起了无数全新的企业，它们在相互竞争中渐渐成长，有些"先天不足"或后天"营养不良"的企业最终被社会所淘汰，而留下来的，都是更适应市场发展，更能满足消费者需求的企业。

只要是消费者喜欢的，就是对的。这句话听上去似乎有些没有道理，可是对于企业来说，却蕴含着天大的道理。

在以前，许多人可能一辈子都没有离开过自己出生、长大的城市，而如今，旅游几乎已经成为人们生活的"必需品"。"世界那么大，我想去看看"，似乎每个人都需要一次"说走就走的旅行"，万达看到了旅游行业蕴含的商机，于2013年成立了万达旅游控股集团。

万达依然是通过并购的途径开始涉足旅游行业，并且一鸣惊人，2015年收入已突破120亿。与其他旅游企业相比，万达无疑在旅游文化、体育、影视、娱乐方面具有更多的优势，将这些优势结合起来，就是一种"攻无不破、战无不胜的合力"。

旅游，听上去更像一个大人们热衷的活动，对于小孩子来说，儿童娱乐才是真正的兴趣所在。万达并没有忽略儿童这一消费群体，除了已经开业的50多家儿童娱乐外，又开始探索"实体店＋网络＋动漫制作"的模式。

王健林为万达儿童娱乐事业制订的目标，不仅仅是在全国开几百家店那么简单，而是要将动漫制作与线上服务结合起来。

"用万达干掉万达"的战略，每一步都与互联网有密不可分的关系，尤其是"互联网＋金融"的万达金融集团，作为金融行业的新生力量，也正在以迅猛的速度发展。

也许在未来的某一天，万达真的会实现"用万达干掉万达"这一目标，如今的消费正在不断升级，而万达掌握的商场、体育、旅游、娱乐、金融等行业，在当今都极其炙手可热。王健林的目标是在2018

年将这几个板块同时实现上市，那时的万达也将成为世界一流品牌之一，而曾经最赚钱的商业地产模式，也终将被万达在发展的过程中渐渐摒弃。

第五章

定位：部队还是公司

1. 一个军人出身的高度自律

军人给人的印象往往是，有坚定的信念和不轻易改变的目标，一旦认定一件事情，无论中间经历多大的困难，都要坚持不懈地完成。

王健林在经商之前，是个当过十几年兵的军人，而军人的这些特质他全部具备。在困难面前，他喜欢迎难而上，面对任何困难，他的眼神都像鹰一般坚定。在万达员工的心目中，王健林不仅是个军人，更像是一个"神"，因为他说一不二，给员工布置任务时，更像一名部队中的长官在向下属下达军事命令。

正是因为有着军人般"大干快上"的行事风格，以及凡事都遵守制度、遵守时间的个性，王健林为其每一天的工作进度，以及要进行到哪一个程度，都做了详细的规划，并且一定会按这个规划进行。进度稍有差池，他的头脑中就会亮起"红灯"，提醒自己已经偏离了轨道，必须马上把进度追上。

王健林对自己的要求如此，对企业的要求更是如此。跟不上这种高速运转的脚步的员工，就会主动从万达退出，即便是面对丰厚的薪水和待遇，依然望而却步。不过，这样也能保证留下来的全部是精英，不会在万达快速的发展过程中拖后腿。

王健林十分感谢自己在部队的那段经历,他曾说是部队磨练出他永不放弃、执着、有坚定目标的性格。中国的军队向来都以纪律严明著称,也培养出了王健林这样不提倡个人主义,以服从命令为天职的军人个性。

15—28岁是一个人性格逐渐定型的阶段,在这一时期内,你经历了怎样的生活,接受了怎样的人生观和世界观,就会变成怎样的人。

王健林的青春年华,是在严苛的训练中度过的,这让他的性格中有了常人难以企及的坚毅,直到如今,王健林在生活和工作中依然保持着军人的作息规律——每天七点到办公室办公,一直工作到晚上七八点,只要没有特殊安排,每天如此。

其实,就算没有经历过十几年的部队生活,王健林骨子里也天生带有军人的个性。因为他的父亲王义全就是一位参加过长征的老红军,20世纪30年代,家在四川苍溪的王义全就与大批青年一起加入了红军的队伍。

四川苍溪是红军长征的出发地,从1933年到1935年,那里发生了大大小小百余次战役。1935年,红四军为了策应北上的中央红军,将嘉陵江塔子山当做主渡口,并且为了渡江,在百姓中建起一个造船厂。

在红四军渡江之前,百姓们用自己的双手和双肩,将75艘船送到塔子山主渡口。王义全就是从那时开始,跟随红军的队伍,踏上了万里长征的征程。

在长征的过程中,王义全也经历了无数次生与死的考验,与太多在长征过程中不幸牺牲的烈士相比，他幸运得多，通过了长征的艰苦考验，得以幸存下来。

王义全不仅是一名参加过长征的老红军，也是受过毛泽东接见的老红军，对于老一辈的革命者来说，这是莫大的荣耀。

王义全是一个从死人堆里爬过来的人，当时的他还没有加入到红军的队伍，日本兵扫荡时，子弹几乎打到他的身上，好在他及时躲在一个死去的日本兵身体下面才躲过了一劫。那个日本兵就是他亲手打死的，从那个日本兵身上扒下来的一条皮带，就成为他参加抗日的"胜利品"。

新中国成立后到金川县森工局当副局长的王义全，依然一副平易近人的老红军的样子，他最喜欢在茶余饭后对森工局的职工子弟讲述自己打鬼子的经历，王健林更是自幼就知道，爸爸是一个了不起的红军。

王义全对别人家的孩子十分温和，对自己的孩子却十分严格。他的嘴边总是挂着"好好学习"、"有机会要多读书"、"去当干部"这样的话，没有受过太多教育的他说不出有人生哲理的话，而这简单的话却是一名身为军人的父亲对子女最大的期骥。

从小就十分懂事的王健林从没有觉得父亲的教育观念老旧，反而时刻被父亲身上的军人荣誉感激励着，他理解父亲的革命信仰和军人做派，在还不到 16 岁时，就毅然决然地选择了参军。

军营锻炼了他的忍耐力与意志力，而后来在大连陆军学院中的生活，则锻炼了他敢于对生活与所谓的规则进行挑战的勇气。

1978 年，王健林已成为部队中的一名排长，这一年他获得了一次晋升的机会。

在晋升到连长级别前,王健林必须到大连陆军学院去接受为期两年的培训,并不是每个人都能获得这样的机会,只有来自沈阳军区的优秀军官和战士才有被推荐的资格。

王健林就是被推荐的学员之一,那年与他一同被推荐到大连陆军学员进行培训的人有1000名左右。站在上千名未来的军官当中,王健林的心是澎湃的,听着教官和领导们在台上轮番讲话,他的眼前呈现出美好的未来与前景。

那时的王健林还是个24岁的年轻人,脸上有着年轻人特有的朝气,更有着优秀士兵脸上最常出现的坚毅神情。在踏入大连陆军学院大门的那一刻,王健林的命运轨迹在悄无声息间发生了轻轻的偏移,他未来的人生,也就是从这一刻开始正式改写。

他本以为自己和其余近千名学员一样,在大连陆军学院接受培训后,回到原部队继续任职。

王健林在大连陆军学院接受培训时,是个"不服从指挥"的人。而这"不服从指挥",源于他喜欢动脑思考,而不是填鸭式地接受教官讲述的内容。尽管有时他的思考并不正确,但至少可以证明他不是个呆板的人。

一次教官正在讲授军事伪装课,说到在雪地伪装时要将全身都铺满雪。别人都在乖乖听讲,王健林却突然站起来提问:"为什么是在身上铺满雪,而不是更简单地直接盖张白床单呢?"

关于这个问题,他执着地和教官争论了很久,最后教官告诉他,因为雪地会反光，而床单不会，如果敌人用紫外线照射，一眼就能看出来。

听到这里，王健林才坦然地接受了教官的观点，但却没有改变他喜欢思考与发问的性格。这样的事情又一次发生在另一堂课上。

那一堂课是讲解在战争中用火炮射击敌军坦克的战术，按照教学与实战理论，射击坦克最好的时间点是在坦克拐弯的时候，只要提前在弯道内侧埋伏好火炮和炸药包就可以，因为在坦克拐弯的时候，弯道内侧可以更大面积地接触坦克。纵观世界军事领域，从来没有任何一位军事家对这一理论提出过质疑，而大连陆军学院的学员王健林却成为质疑这一理论的第一人。

王健林当堂提出："在弯道的外侧伏击坦克也是可行的"，之后他又举出详细的例证和数据，证明自己的观点是正确的。

教官并没有马上给出答案，而是和其他教官商议了一下，发现王健林的观点竟然是正确的。于是，当下一次大连陆军学院的教材改版时，王健林的观点也被写进了教材当中，一直使用到大连陆军学院被撤销的那一刻。

王健林渐渐成为大连陆军学院的"知名人物"，这不仅因为他敢于向教官和教科书"挑战"，还因为他的认真与执着。

按照陆军学院的教学大纲，有些军事知识不需要着重讲解，只需在课堂上简单带过就可以。可又是王健林成为了那个唯一提出质疑的人，他质疑的理由很简单："只要是知识，就都要汲取，不应分先后主次。"

教官没有把这个话题放在课堂上讨论，下课以后，王健林依然执着地找到教官，要继续探讨这个话题。教官不想在这样的事情浪费时间，只能说自己现在没有时间，让王健林晚上七点再来。

教官以为这样说，王健林就会放弃，没想到晚上七点他真的来了，并且一连来了好几天，每天都能找出探讨的新内容，而教官也在此时发现，学员王健林在军事知识上已经有了飞速的进步。

在教官心目中的王健林，是个喜欢独立思考的聪明学员，而在其他学员心目中的王健林，则是个勤奋的人。

其实，作为一名军人，王健林的先天条件并不算十分出色，他的身体不够灵活，在大连陆军学院进行单兵进攻科目训练时，王健林的成绩落了下风。

按照考核要求，学员必须独立完成朝向动作、指向动作、匍匐前进、穿越障碍等任务。在理论知识上一直占上风的王健林，这时显出了劣势，与大多数动作灵活的学员相比，王健林的表现的确不够出色。

于是，在所有学员的记忆里都留下了这样的画面——寒冷的冬日里，一个身材并不算强壮高大的学员，趁着别人都在午休时独自练习。东北的冬天，只有厚重的棉衣才能抵御严寒，这名学员几乎一刻不停地在练习，还专门请来一位教导员帮自己的动作把关。他的棉衣有好几处在反复练习中磨破了，棉衣的肘部甚至已经彻底磨穿，露出里面的一层衣服。

这个学员就是王健林，经过不眠不休式的反复练习，他终于在考核中取得了"优秀"的成绩。

王健林就是这样一个人,不做到最好,绝不善罢甘休。这源自一名军人的高度自律,在日后经营万达的过程中,他也将这种特质保持了下来。

他允许自己失败,但绝不会允许自己在同样的地方失败两次,更不允许自己在失败的路上耽误太久。他执着,却并非"死心眼",当他在一条很难走的路上摔了几个跟头后,会给自己定一个最后期限,如果在期限内依然蹚不平这条路,那么到时候再毫无遗憾地掉头。

有人曾说:"万达首先是一支部队,然后才是一家公司。"对于军人出身的管理者打造的一家企业来说,这样的形容也许就是最大的褒奖。将公司当做部队,时刻执行严明的纪律,保持军人迅速的反应力与行动力,这也就是为什么在短短的二十几年中,万达从一个注册资金一百万的民营企业蜕变成一家跨国集团公司的重要原因。

2. 半军事化、流程化管理

能在激烈的商战中站稳脚跟的企业，一定有着科学而又严谨的管理制度，而军人出身的王健林，在制定万达集团的制度时，除了科学和严谨外，更是将半军事化的管理风格引入了企业内部。

王健林曾多次在公开场合讲述自己创业和经营管理企业的经历与经验，也许有人会问，他这样毫无保留地与竞争对手分享自己的经验，难道不怕把竞争对手培养得和自己一样强大吗？

对于这样的疑问，王健林自有他自己的看法，他在公开场合中说的许多话的确毫无保留，如果有些企业能照搬照做，的确有让企业发展壮大、少走弯路的可能。不过，王健林分享的这些经验，却并不是每个企业都能真正做到的，有些内容甚至永远都无法复制，例如他半军事化的管理风格，一旦运用不好，不仅不会让企业越来越好，甚至会走到危机的边缘。

万达有着出了名的严苛管理制度，不仅在大的管理制度上苛求，甚至在小的细节上都进行数据化与量化的规范，许多人在看到万达的管理制度后不禁大呼万达是个"奇葩"的企业。

季节	员工	基本要求
春夏季	男	1. 各部室、各系统总部：长袖浅色衬衣、深色西裤、深色皮鞋，不系领带 2. 各地公司：浅色衬衣（长短袖不限）、深色西裤、深色皮鞋，系领带
春夏季	女	1. 浅色有袖衬衣、西裤、皮鞋，不得穿低胸衫、网眼丝袜和露趾鞋 2. 如穿裙装，须同时穿肉色或黑色长筒丝袜；裙边若在膝盖以上，裙边距离膝盖不得多于10CM
秋冬季	男	深色西装套装、浅色衬衣、深色皮鞋、系领带
秋冬季	女	1. 深色套装、衬衣（毛衫）、皮鞋 2. 如穿套裙，须同时穿肉色或黑色长筒袜；裙边若在膝盖以上，裙边距离膝盖不得多于10CM

万达着装制度

在万达的管理制度里，无论是领导还是员工，在工作日的8点到18点必须穿正装，否则就会受到处罚，并且会连累自己的部门领导也受到处罚。对于女性员工的着装，万达的管理制度已经严苛到裙子的长度上，如果裙子的长度在膝盖以上，那么裙边距离膝盖最多不得超过十公分，并且腿上还要穿肉色或黑色的长筒丝袜。

这仅仅是万达着装要求的"九牛一毛"。此外，万达还规定，如果是在春夏季节，各部室、各系统总部的男性员工要穿长袖浅色衬衣、深色西裤、深色皮鞋，不系领带；各地分公司的男性员工要穿着浅色衬衣（长短袖不限）、深色西裤、深色皮鞋，系领带；而女性员工要穿着浅色有袖衬衣、西裤、皮鞋，不得穿低胸衫、网眼丝袜和露趾鞋。

如果是秋冬季节，男性员工则要求穿西装套装、浅色衬衣、深色皮鞋，系领带；女性则要求穿深色套装、衬衣或毛衫、皮鞋。

这样的着装要求的确严苛，但却可以给万达公司内部带来一种精气神。并且，员工无需为如何穿着打扮耗费心思，在公司时，更多的精力也就放在了工作上，工作效率自然会提高。

其实，万达的管理制度除了严苛的一面，更有贴心的一面。其中的一条制度规定："在办公区域内严禁吸烟，如有违反，对当事人罚款500元/次"。这条管理制度不仅是为公司的安全着想，对不吸烟的员工，尤其是女性员工，更是一种保护与尊重，许多人都碍于同事面子，对于在办公室里抽烟的同事敢怒不敢言，而有了这条制度，不抽烟的员工就彻底得到"解放"。

许多人在找工作时最害怕遇到家族企业，一层又一层的裙带关系让公司的管理制度被人情代替，没有制度可言的公司又何谈发展？在这样的公司里工作，似乎永远都没有出头的那一天。

万达则用一条管理制度彻底避免了这一问题，也就是"亲属回避制"，即"员工的亲属不得在全集团范围内任职"。这个制度适用于万达集团内的所有人，甚至也包括王健林在内。

不拐弯抹角、简单直接、不说废话，这些都是军人的优良品质，也被王健林带到了企业管理当中。万达的企业管理制度，没有一句是废话、套话，每一条都很好操作，并且很容易评定是否违背了企业管理制度。

这就是王健林不喜欢搞形式主义的最好证明，在万达，从事项、标准，到考核、审批流程，条条简单明了，能用，也好用。

只会喊口号，不会干实事的人，无法在万达生存下去。同样，万达严苛的企业管理制度最大的好处就是，当遇到不好解决，或者不会解决的问题时，参照其管理制度，一定能够找到解决问题的方法。

在十几年前，万达就针对投资中可能遇到的各种问题列举出一百条，并且逐条提出了解决方案。随着时间推移与万达的日趋成熟，这一百条又被凝练成五十条，其中涵盖了土地、配套、地下、规划、税费等各方面，每个方面都有具体的数字作为标准，工作人员在工作时，也必须拿实际的数字说事，而不是笼统地说个大概。

只要将这五十条内容全部搞清楚，这个项目就已经成功了一多半，有了这样的参照，即便是一个刚刚进入公司的新人也能完成这样的工作。

在任何一家企业里，薪资与待遇永远是员工最关心的问题之一。许多企业对员工的薪资问题从来没有一个明确的标准和制度，一些在企业里工作了多年的员工的薪资从来都没有提升过。而这样的顾虑在万达却从来不会发生，因为万达把不同情形的薪资全都写在了制度里。

按照规定，万达的高管高职人员至少每隔六个月就会调整一次薪水，年终的晋级比例由集团董事长办公会决定；而普通员工的调薪制度则划分得更加细化，如果是提职调薪，最低调薪间隔是6个月，最高调薪幅度是50%；如果是平级调动，最低调薪间隔是6个月，最高调薪幅度是20%；如果是单纯调薪，则最低调薪间隔是12个月，最高调薪幅度是20%。

对于员工来说，再也不用为自己什么时候能涨薪而担忧，对于管理者来说，也可以根据制度知道员工调薪的最高比例是多少，哪怕高过规定比例的 0.1%，系统里的流程都无法操作，更无法继续运行。

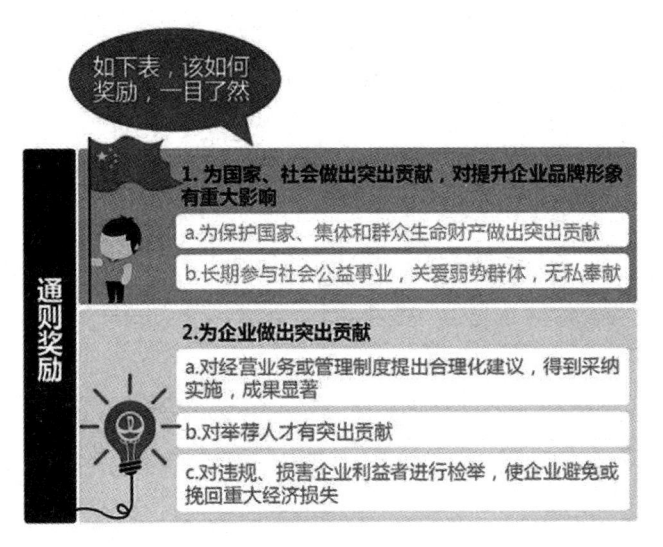

万达奖励制度

许多企业喜欢将制度制定得繁多、复杂，就连企业管理者自己都记不清楚，更不要提员工还能遵守。有时候，多，并不意味着全面；而少，却能起到比多更好的效果。

万达的发展速度越来越快，企业规模越来越大，管理制度却越来越少，并且尽量以表格的形式体现，清晰明了，让阅读制度的人一目了然，并且容易记住。

在万达，不仅有简单明了的着装制度、薪资调整制度，还有明确的奖励制度，其中包括两个大项：其一，为国家、社会做出突出贡献，对提升企业品牌形象有重大影响；其二，为企业做出突出贡献。

这两项又该如何划分？制度中也有明确的规定：第一项中包括两个小项：第一，为保护国家、集体和群众生命财产做出突出贡献；第二，长期参与社会公益事业，关爱弱势群体，无私奉献。

在第二个大项中，又分成三个小项：第一，对经营业务或管理制度提出合理化建议，得到采纳实施，成果显著；第二，对举荐人才有突出贡献；第三，对违规、损害企业利益者进行检举，使企业避免或挽回重大经济损失。

整个奖励制度加起来，只有简单的两大项，五小项，简单明了，便于操作。

为了让企业管理制度跟得上万达的发展速度，制度内容也必须随着时间的发展进行调整；而为了不给制定的人员造成压力，调整制度的频率也不能太过频繁。经过考虑，万达的企业管理制度每两年更新一次，这样既跟上了形势，也不会造成人力的浪费。

王健林曾说："小企业看技术，中型企业看人才，大企业看管理、看风险控制能力。"而一旦企业规模达到千亿级别，企业管理的核心就必须放在风险控制上，因为企业越大，风险越高。

因此，王健林在内部会议上说："万达就是这样，谁完不成任务就够呛，不一定还能在原来的位置上做。"无论考核指标有多少个，最核心的就是业绩。

之所以说万达有着半军事化的管理制度，是因为万达充分运用了军事化管理思维，设制了极为精而严格的内部管理体系和制度。事实证明，在万达的快速发展过程中，这样的管理制度发挥了极其重要的作用。

其实，王健林并不是个不近人情的人。在部队时，他的一位战友因拉肚子，身体十分虚弱。有一天晚上，刚好是王健林和那位战友负责站岗，王健林站完了自己的一班岗后，不忍心去叫醒生病的战友，默默地替他站完了一班岗。那时正是东北的冬天，到了晚上，温度低得可以滴水成冰，王健林这个贴心而又仗义的举动，让战友一辈子都无法忘记。

如今的万达处处都用规章制度说话，可在大连陆军学院培训时的王健林，却是一个最不喜欢遵守规则的学生，不过，这也让他在考核中吃了亏。

那是一门战略战术的考试，在理论课考试方面，王健林的成绩是优秀，然而在战术定向考核方面，他的成绩却很差。当时的题目是"如果有一场战役，根据给出的山地地形回答，在山的哪一边布兵可能更合适。"

按照教案上的回答，正确答案是在左边布兵更恰当，可是王健林的答卷上却赫然写着"右边"，并且在下面列举了在右边布阵的六大理由。

其实，王健林的分析不无道理，因为在实战过程中，相比于教科书式的固定思维，灵活的作战方式显然更加重要，王健林并没有拘泥于课本，可是，这个他自认为正确的答案，却和标准答案相背离。

其他科目的考试，王健林都得到优秀甚至满分的成绩，唯有这一科战略战术，他的成绩并不理想。王健林也认识到，虽然在实战中，灵活运用作战知识更加重要，可身为学员，还是要服从学院的管理，标准答案也是其中一部分。否则，每个人都打着"灵活运用"的旗号我行我素，学院该如何对学员进行管理？如果学员把坏毛病带回了部队，部队岂不是要乱成一锅粥？

这一次"叛逆"后，王健林在大连陆军学院的表现开始越来越出色，他在军事以外的才能也渐渐展现出来，最出色的就是写文章和诗歌。王健林写的新闻、随笔或是评论，时常会出现在《大连日报》《人民日报》《解放日报》等报刊上，而沈阳军区自主创办的《前进报》上的文章也有许多出自王健林的笔下。

部队里时常会喊一些积极向上的口号，王健林的文章中也经常出现"跟着中国共产党走"、"以经济建设为中心"一类的话语。十几年的军旅生活给了王健林潜移默化的影响，服从命令，遵守纪律也是一种正能量，他感受到了纪律的重要性，尤其是在管理较大的团队时，更要把纪律与口号适时予以强调。

部队和学院里的生活，是百分之百的军事化管理，这样的管理方式，能培养出更加坚强与自律的人才。王健林在学院中的表现越来越受到教官与学员们的认可，再加上他善于写作，经过特批，他留在学院的宣传处成了一名干事。

王健林当时的主要工作之一，就是负责联系学院以外的高校，帮助陆军学院的学员们进一步深造。就在此时，辽宁军区成立了辽宁大学党政干部专修班，这是全军区都十分重视的一件事，王健林成为动员学员报考专修班与辽宁大学保持联系的负责人。

这是一个十分难得的进修机会，在负责这项工作的同时，王健林自己也在辽宁大学党政专修班就读经济管理学专业。这次进修，让他的管理理念有了进一步提升。大学里的管理不像军队中那样严苛，相比于军队，大学里虽更加自由，但也是松中有紧、有条不紊。

王健林发现，这样的管理方式，更适合那些没有在部队中生活过的人，也更容易被人们接受。

从那时起，王健林就在为自己未来的人生道路做着铺垫，从部队里出来的人在选择专业时，都会选择一门离军事比较近的专业，但王健林选择了一门与军事毫不沾边的经济管理专业，他的眼光永远比别人超前。

这也是王健林从一个军队干部到市场化人才的转型阶段，将军事与管理恰到好处地结合起来，竟然可以产生意想不到的效果。

自从开始负责党政专修班的工作，王健林就再也不用一直待在封闭的军营中，他有了很多走出去的机会，也在走出去的过程中接触到更多的人，尤其是市里和省里的工作人员，用王健林老战友的话说："算是率先走出去接触社会了。"

1986年，王健林的优秀表现再一次得到认可，他成为陆军学院管理处的副处长，属团职干部，这也是王健林第一次从事与管理有关的工作。

任何与管理有关的事情都是王健林的工作职责，从学院内部的后勤保障，再到与学院外面的机构甚至与政府机关打交道的任务，都要由他来完成。

王健林一丝不苟的军人作风很快就得到所有人的认可，做任何事情，他都懂得为自己设定时间节点，再根据节点一步一步完成。在与外人打交道时，他永远以一个军人的标准在要求着自己，这也让他成为一个被别人充分信任的人。

　　将万达打造成一家半军事化的企业,与王健林在部队与陆军学院的生活密不可分,直到多年后,他依然没有忘记自己的军人身份,用军人般的纪律要求着自己的员工,同时也在要求着自己。

3. 亮剑是一种气魄

看过电视剧《亮剑》的人都知道，古代剑客们在与对手狭路相逢时，无论对手多么强大，都要亮出自己的宝剑，即使是倒在对手的剑下，也虽败犹荣，这就是亮剑精神。

如果将亮剑精神引申开来，不仅适用于军队，也适用于任何团队。如果将亮剑精神当做一个企业的灵魂，那这家企业将注定从弱小走向强大，团队中的每一个成员都将具备所向披靡的战斗精神。

在军人王健林的带领下，万达已经成为一支具有亮剑精神的团队，不仅敢于接受比自己强的对手的挑战，甚至敢于主动挑战比自己更强的对手。

单体投资额达到 200 亿左右的万达城，如今已在全国各地落实了十几家，几乎涵盖了国内各大区域，甚至有人说，2015 年万达在云南西双版纳建立的国家旅游度假区，简直就是在向迪斯尼"下战书"。

对于许多有童话梦的人来说，迪斯尼是一个圆梦的地方。而在中国人知道迪斯尼之前，他们的梦幻之地就是地处中国西南边陲的"世外桃源"——西双版纳。

万达将西双版纳作为国际旅游度假区的一个必选之地，这是一个占地 5.3 平方公里的项目，单项投资达到 150 亿。这里有神秘的热带雨林和四季如春的气候，还有生活中从没有出现过的神奇植物，绚烂的花朵让这里在一年当中的每个时节都如同一片花的海洋。

对于汉族人口占大多数的中国来说，领略少数民族的风情就仿佛来到了一个异域国度，从建筑，到穿着，甚至连食物、语言、风俗，都进入了一个与日常生活截然不同的领域，来过万达西双版纳国家旅游度假区的人甚至觉得，这里的丰富程度已经超过了迪斯尼乐园的水平。

行走在万达西双版纳国家旅游度假区内，可以见到能与迪斯尼游乐场媲美的主题乐园，此外，还有高档酒店群、万达广场商业区、酒吧街、三甲医院、幼儿园、中学、居住区，还能欣赏到当地的老城区建筑。

能让人将万达西双版纳国家度假区与迪斯尼乐园联想到一起，是万达的成功。因为自从迪斯尼诞生以来，形形色色的卡通形象早已深入人心，可以说，迪斯尼代表着美国文化的一部分，在全世界的游乐场领域，迪斯尼的地位早已不可撼动。

不过，迪斯尼的地位也是一把双刃剑，它就像武侠小说中的独孤求败，在世界上同一领域内已很难找到对手。而万达在此刻建立的西双版纳国家度假区，仿佛就是在这位武功盖世的侠客面前亮出了自己的宝剑，只要拥有亮剑的勇气，就未必没有胜利的可能。

因为迪斯尼的根基庞大，分支众多，因此在发展速度上自然也就受到了拖累。如在中国上海建造的迪斯尼乐园，反复多年才最终决定投资建设，工程更是一拖再拖，最终拖了近十年时间，直到 2016 年 6 月才正式开始对外营业。

等待，有时对于企业来说是致命的。因为这个世界的发展速度实在太快，就在你一晃的瞬间，人间仿佛已过去千年，人们曾热衷的事物瞬间成为了历史，总有层出不穷的新鲜事物在吸引着人们的眼球。

在这一点上，万达就具有绝对的优势。西双版纳国家旅游度假区的项目从确定到建设完成，一共才用了四年时间。而且，这不是万达唯一的旅游度假项目，其他的万达城也在全国各地同时建设，先后开始营业。

万达从未在任何公开场合中表示过想要挑战迪斯尼，不过王健林是个行动派，他所做的一切，不得不让迪斯尼感到危机。

其实，即便万达凭借如今的实力，想要挑战迪斯尼也并不是件容易的事，甚至有可能惨败，但是王健林不怕，因为他自有一套只有军人才能策划出来的战略。

万达采取的战略是"农村包围城市"，说得直白一些，就是凭借数量和地利取胜。剑客在比剑时，快，有时候是决定成败的关键因素，有个词叫做"唯快不破"，就是是对剑客对决场面的最好形容。

因此，万达利用时间和地利优势，在最短的时间内建立了一定规模和数量的旅游度假区，迅速地形成了品牌效应，中国有句俗话："猛虎也怕群狼"，而王健林就是希望利用这一战术，让万达的度假区成为"群狼"，来包围那些外来的厉害的"猛虎"。

亮剑是一种精神，是一种气魄，但绝对不是鲁莽的匹夫之勇。虽然万达占据了时间与地利优势，但是在投资方面还是经过了一系列科学的测算，最终单个旅游度假区的成本控制在了迪斯尼的二十分之一。也就是说，二十家万达国际旅游度假区的建设成本加起来才相当于一个迪斯尼乐园的成本。

万达敢于向迪斯尼"挑战"的勇气并不是盲目的，应该说是十分切合中国当下的实际情况的。如今的中国，人民的生活水平正在迅速提高，有些高收入人群的消费水平已经可以和西方发达国家看齐，旅游与娱乐成为了"生活必需品"，因此万达旅游度假项目才有可能如雨后春笋般成长起来。

在万达二十几年的发展过程中，已创造了太多奇迹，如果有一天，迪斯尼成为万达的手下败将，也并非没有可能。

其实，这并非是万达第一次"亮剑"，早在2012年万达商业地产第一次在云南昆明亮相时，王健林就曾说过："我们有规模、有品质、有速度、有实力，在2015年会成为全球最大的不动产持有商。"

当时在场的每一个人都被王健林话语和动作中散发的自信所感染。如今，2015年已经过去，昆明西山万达广场果然按照计划如期开业。因为具有亮剑精神，万达成为一家充满自信的企业，更是在商业地产领域做出了"万达速度"。

在昆明西山万达广场开始建设的最初，王健林就曾明确表示过，这将是万达塑造百年企业的一个重要节点，而万达首创的"城市综合体"也会让万达成为一个更加国际化的企业。

万达一次又一次地创新，用同行们绝对想不到的方式打出一个又一个奇招。它就像一个让人捉摸不透的剑客，在面对更加强大的对手时，勇敢地亮剑。

2002年，万达第一次进驻昆明，开发的是一个名叫"滇池卫城"的住宅项目。2012年，万达又将包含写字楼、酒店、商业中心的"城市综合体"带到了昆明。

在建设"滇池卫城"项目时，万达曾遇到了极大的阻力，一个项目就花了十年时间。而在十年后的2012年，情况依然并不乐观，当时全国经济正在放缓，房地产遭到严厉调控，为了买下昆明西山万达广场这块地皮，万达足足花掉了20亿，目的就是万达那句深入人心的广告语："万达广场就是城市中心。"

的确，万达将这句广告语变成了现实，每一个有万达广场的地方都成为了所在城市的中心。而万达为什么可以取得这样的壮举，王健林曾经说过三个原因："第一，商业体量巨大，业态非常丰富。我们一个商业项目，小城市在15万平米，省会城市达20万平米以上；第二，万达广场突出非零售业态——吃喝玩乐。我们内部有一个规定：零售比重低于50%。购物中心不是卖出来的，是吃出来的；第三，我们的整体运营能力。我们万达集团有一个综合性的全国商业管理公司，员工超过2万人，有强大的运营中心和策划部，分析商业定位，制定促销措施。很多看不到的软功夫，就形成了'万达广场就是城市中心'。"

这些"看不见的软功夫"，就是万达敢于亮剑的资本。当时为了让昆明西山万达广场成为昆明的中心，万达不仅请全球顶级大师设计了"昆明双塔"的外观，还请奥运会的团队设计了一个音乐灯光喷泉，目标是超过拉斯维加斯的bellagio音乐喷泉广场，让这里成为昆明旅游一景。

一个拥有亮剑气魄的企业，不会允许自己永远在强者面前摆出弱者的姿态。为了成为强者眼中的强者，万达也在做着一次又一次的改进。因此，在商业地产方面，万达不仅具备绝对的实力，更在不遗余力地提高自己的品质。

用王健林的话说：万达广场"有规模、有品质、有速度、有实力"，万达甚至还有一句口号"国际万达，百年企业"，这是万达的发展愿景，即将万达做成一家具有国际规模的企业，做到世界百强之内。为了实现这一目标，万达始终在提升自己的国际化管理水平和制度水平，更时刻注重彰显自己的企业文化，在王健林看来，一家具有国际规模的企业不能有"小家子气"，必须要有国际战略和国际思维。

由此可见，亮剑精神绝不是鲁莽，而是一种明知不可为而为之的勇气与决心。在强者面前亮剑，不仅要想到如何去打败对手，更要考虑到打败对手后，未来的道路该怎么走。

"国际万达，百年企业"，这样一句简单的口号却足以证明万达已经将发展的眼光放到了百年后，未来什么行业将占据主导地位，万达就要涉足什么行业。

为了实现这个目标，万达始终在一刻不停地准备着。首先，万达在随时随地招录人才，这其中有三种方式：吸引、筛选、重金挖过来。

万达是个半军事化的企业，行事风格也如同行军打仗一般严苛。对于一个部队来说，有充足的战斗力是重中之重，对于万达来说也是如此。无论发展到哪里，万达都不会忘记一件事，那就是"招兵买马"。

有些企业认为只有在人员短缺时才有招聘的必要，而一旦出现有人离职，工作链上的一个环节就会断掉，很可能整个正在进行的项目就会陷入僵局。此时，人才储备就显得尤为重要，这样做可以为企业减少许多不必要的麻烦，也可以让在岗的员工时刻感受到竞争的危机，提升工作质量与工作效率。

随时随地招聘人才，就是在进行人才储备，一旦有人离职，可以马上有人顶上，即便没有人离职，如果看出哪个人不适合自己的岗位，也可以用更适合的人进行替换，如此一来，企业才永远不会在用人方面处于被动。

在军人出身的王健林看来，一支具有亮剑精神的团队，必须要有一种敢拼到底的劲头和气势，无论团队处于怎样的劣势，都能想尽一切办法克服，每个员工都像一个战士，既要具备战斗的能力，又要具备解决问题的头脑。否则，只要遇到问题，就只能靠老板或高层领导去想办法解决问题，这样的团队根本不具备任何战斗力。

万达的行动力向来为人称道，这与王健林的半军事化管理分不开。一个优秀的军人，在亮剑前，要有敏锐的观察力，除了要有敢与对手拼一死战的决心，更要用敏锐的观察力随时发现对手和周边环境的变化，哪怕出现最细微的变化，也要立刻在头脑中分析原因，找出问题所在，即便不能让自己反败为胜，也不能让自己陷入更加糟糕的劣势。

成为一个具有亮剑精神的人，已十分困难，如果想要带出一支具有亮剑精神的团队，更是难上加难。万达的每一个员工都有明确的分工与责任，各司其职，哪个部分出了问题，都能找到专门负责的人。在企业里，员工的责任是做事，老板的责任更多是思考，思考企业未来的发展方向，思考企业哪里还有做得不出色的地方，如何进行改正。

在创办公司前，王健林已经在辽宁大学党政专修班中学习了管理方面的知识，在大连陆军学院和后来政府机关的工作中也体会到了什么是领导力。身为学员时，王健林是个不愿墨守成规的学生，成为领导者后，他不仅知道了规矩与纪律的力量，更知道身为领导者必须具备知人善用的能力，了解每一个下属的长处，将其安排在最适合的岗位。

无论是对上级还是对下属，王健林都学会了就事论事，从不会因为某个下属犯过错误，就处处给他"穿小鞋儿"。有些员工不理解领导层的决策，王健林也会用他出色的沟通能力让对方心服口服。王健林始终相信，一个敢于亮剑的人，要有剑走偏锋的勇气，只要不违背做人的原则，有时候兵行险招、奇招，才能出奇制胜。

王健林不是天生的强者，万达也不是在创立之初就成为跨国集团企业的。不过，王健林从未放弃从强者身上学习优点与经验，不断向比自己更成功的人学习，才是成为强者的必经之路。他不仅自己向强者学习，更带着整个万达团队向比自己更优秀的团队学习。

4. 不想做将军的士兵不是好士兵

拿破仑的一句名言影响了几代人："不想做将军的士兵不是好士兵"。于是，各行各业从这句话中引申出了无数句"至理名言"："不想当明星的演员不是好演员"、"不想当总统的公民不是好公民"、"不想当老板的员工不是好员工"、"不想赚大钱的老板不是好老板"。

其实，这句话放在企业上也同样适用："不想做大的企业不是好企业。"

在部队里，做将军是渴望成为强者的表现。有将军梦的士兵，大多有一颗敢于知难而上的心，如果连想一想都不敢，在实际行动中，又何来动力与勇气？

对于王健林来说，拥有一座君悦酒店那样的大楼，就是他最初的"将军梦"。如今他已经将这个梦变成现实，接下来，他有一个升级之后的"将军梦"，那就是将万达集团打造成一家跨国集团企业。如今，当人们再次听到王健林的梦想，再也没有人去质疑这个梦想实现的可能性，因为熟知王健林的每个人都知道，这个普通的士兵的确有成为将军的能力。

万达已经成为商业地产行业的佼佼者，万达广场每建成一座就盈利一座，每一个万达广场都成为所在地区的商业中心。回想当初王健林炸掉沈阳万达广场时的壮举，不得不佩服这个士兵不仅有梦想，有勇气，更有魄力。

自从经历了沈阳项目的失败，王健林几乎每一刻都在反思，他没有逃避自己应该承担的责任，并且在主动承担责任之余，又在商业地产领域另辟出一条蹊径，也就有了如今的万达商业地产模式，不仅赢得了利润，更赢得了口碑。

如今的万达俨然一部设计精良的机器，在模块化管理体系的支撑下，有条不紊地高效运作。所谓模块化管理，就是把问题细化，分级别管理，各负其责。万达采用的模块化管理既可以对工程进度进行跟踪，也能够合理分配各级别员工的应得利益，对工作的各个环节所遇到的困难进行针对性的解决。

直到王健林坐在中国富豪榜榜首的交椅上时，人们终于相信，他实现了自己的将军梦。不过，圆梦之后的王健林并不甘于现状，又马不停蹄地开始了一系列令人不敢相信也很难理解的举动。

他先是以 25 亿美元的价格收购了美国 AMC 院线，又开始大举进入文化产业、旅游产业，开发了长白山国际旅游度假区，打造了号称"世界级水岸休闲步行街"的武汉汉街项目，建立了青岛影视城，据说他还以 1.72 亿元从海外买下一幅毕加索不知名的作品。

万达已成为中国商业地产第一大品牌，只要有万达的地方，就有包括国际一线品牌在内的大品牌愿意进驻，万达集团和它旗下的项目头上也戴起了许多个耀眼的头衔："亚洲最大的不动产企业"、"亚洲最大的滑雪场"、"中国最大的文化企业"、"亚洲最大的商业管理企业"、"全球最大的电影院线运营商"、"中国最大的五星级酒店品牌管理运营公司"、"中国最大的连锁百货企业之一"等等。

有将军梦的士兵,成为将军就是意料之中的事情。万达能取得如今的地位,从它"出生以来",已在情理之中。

管理学家吉姆·柯林斯曾在《从卓越到优秀》一书中表达过类似的观点:先有成功的企业家,然后才会有成功的企业。这样的观点不无道理,正是因为有了敢做"将军梦"的王健林,才有了万达这个商业地产领域的"将军"。

军人出身的王健林,直到现在依然保持着军人般的规律生活和军人般的旺盛精力。他不像是一名首富级别的商业大亨,更像是一支军队中的高级军官,衣服和鞋子的质地更胜于品牌,发生在许多所谓成功人士身上的八卦新闻更是与他毫不沾边。这位每天早上七点上班、晚上七点下班的"工作狂",甚至很少上网,他的大部分周末都是在加班、开会和审图中度过。

虽然他对下属的要求并不像对自己那样严格,却也从不纵容和懈怠,每一个能留在万达的员工必须拥有超强的执行力,因为万达是一家"说到做到、算到拿到、奖罚分明"的企业,只要能够严格要求自己,遵守万达的"模块化管理",想要在万达做出优异的成绩并不难。不过,想要留在万达,也必须扛得住压力,因为只要你不行,马上就会有行的人来顶替你。

王健林不仅敢做"将军梦",更懂得抓住成为"将军"的一切机遇。

对于一个企业领导者来说，所谓机遇，就是对市场和未来的洞察力与把握力。

万达涉足的每一个行业，在万达进入之前，都不被别人发现和看好，例如当初的旧城改造、后来的商业地产，以及如今的酒店、旅游、文化产业。

想当将军的士兵，就必须有学习的能力。其实，王健林更像是一名天生的"将军"，他不仅懂得时刻让自己学习新鲜事物，更具备敏锐的创新思维。因为知道中国人素来有"民以食为天"之俗，就把餐饮当做吸引商场客流的主要方式之一，很少有人能够像他这样"接地气"地分析"高大上"的商业，更很少有人像他这样愿意为自己的创新去尝试。

事实证明，王健林的大部分创新都是成功的，有了成功的开端，就要用科学的管理方式去维护好不容易得来的"战果"。

"模块化管理"乍一听上去有些让人摸不着头脑，其实操作起来十分简单，就是将项目的诸多管理方面分成横竖两条线，横线上包括筹备、摘牌、交地、四证等十二个阶段，竖线上则包括销售、财务、成本、人力资源、采购、规划设计、工程、招商、质量、安检等方面。横线和竖线交织而成的每一个模块，都由万达总部进行集权式管理，每条线都有明确的人物、目标、职责等要求，万达也真正做到了对模块上的每一个节点严格执行要求。在万达的发展过程中，模块上的管理内容不断进行更新换代，变得日益精细和严密。

从决定当兵的那一刻起，王健林的母亲就叮嘱他要做一个像父亲那样优秀的战士，王健林做到了，甚至超越了自己的父亲。父亲是个没读过多少书的穷孩子，王健林不仅接受过大连陆军学院的培训，还有着辽宁大学经济管理学的学位，如果继续留在部队，也许他真的有成为将军的那一天，不过，走出部队，跳入商海中的他，俨然成为商战中的"常胜将军"。

万达从没有把任何一个竞争对手当做敌人，它所经历的"商战"，更像是自己在挑战自己。每一次挑战过后，万达都会迈上更高一级的台阶，因为作为万达"大脑"的王健林，始终把握住了商业的本质，那就是加强商业经营与管理。

建设一个地产项目，最多也不过是几年的工程，可是企业只要存活一天，就离不开经营与管理。如果万达是一台正在高速运转的机器，那么经营与管理就是对这台机器进行维护与保养的过程，避免机器出现故障甚至罢工。于是，万达成立了专门的商业经营与管理系统，从商场的人流、店面的冷热，到广场的业态组合、品牌落位、促销活动等方面，处处满足消费者的需求，因为消费者就是万达广场盈利的根本，只有满足了消费者，万达才能成为商业地产领域中的"常胜将军"。

在万达的经营过程中，王健林一直在巧妙地布置着一个又一个战略，"将军"不止是一个听上去有分量的头衔，在真枪实战时，还必须具备上阵指挥的能力。

对于企业来说，资金如同枪支弹药一般重要，再优秀的士兵也很难在没有武器的情况下肉搏取胜，而缺少了资金的企业同样难以井井有条地运转下去。

在这一点上，经过王健林多年的部署与"实战"，万达已经在各行各业取得了优秀的口碑，这些口碑也最终变成了资金。而这些用来买地的钱，几乎就是万达在项目建设中的全部投入，其余的钱自有别人来分担。

国有大型建筑企业是万达建设项目时的长期合作伙伴，可以替万达垫付一部分建设资金；银行也会因为万达的信誉提供大量优惠的银行贷款；当项目建设到满足一定条件时，就可以提前进行预售，这样通过对商铺、写字楼、公寓、住宅的销售，资金就可以快速回笼；而等到万达广场开业，合作的品牌入驻，租金、管理费、万达影院、酒店等就开始不断有了收入。

想要成为"将军"，就必须受到更多人的认可，甚至包括自己的竞争对手。在消费者眼中，万达有着舒适的购物环境、方便的地理位置、知名的一线品牌，是最适合娱乐与休闲的场所。

在商家眼中，万达有庞大而稳定的客流，有统一的管理，明确的考核制度，专业的分级制度，合作起来更加愉快。

在建筑公司眼中，万达的项目多，信誉好，是最适合长期合作的伙伴；而在供应商眼中，万达规模大，采购频繁，让万达成为自己的客户可以提升自身的形象。

在竞争对手眼中，万达总是敢于创新，出奇制胜。与这样的对手过招，即便没有取得胜利，也是对自己的一种提升。

任何一名优秀的将军，都不会让自己的队伍在作战过程中陷入风险与困境，王健林也是如此。万达的员工队伍就像他的军队，为了让这支军队长盛不衰，他必须比所有人都能更先预见未知的风险，再用最合理的方法去规避风险。

然而一个人的能力毕竟有限,在避免风险方面,万达自有一套科学的风险管控措施。其中最主要的就是总部集权管控,从成本到采购,一切与财务核算有关的内容,全部交由总部统一管理。

如果说万达是一部巨大的机器,那么它的流程体系就是这部机器的说明书,任何不知道如何去处理的问题,参照流程体系都能找到正确的解决方案。更重要的是,每做出一个决定之前,都要经各级领导层层把关,甚至多个部门领导的审批和通报,这样无形中就避免了错误决策的发生。

王健林这位指挥着万达集团在商场中作战的"将军",不仅让自己锻炼出了出色的领导能力与指挥能力,更把自己的员工培养出了优秀的学习能力、超强的执行力,让万达这支"军队"有最严格的管理控制体系、最高效的商业模式和最有效的风险管理控制体系。

其实,从万达成立至今,它走过的每一步心路历程都可以总结出来,这就像一个滚雪球的过程,项目越多,资金实力就越强,也就可以吸引到更多的合作伙伴,再次吸引到的项目也就越多。

与此同时,万达这支军队也在时刻不停地对自己进行训练,有了强大的执行力,提高了工作效率与项目质量,取得了与更多合作伙伴更长期、更稳固的合作关系,既是对自身实力的增强,也是对合作伙伴无形的承诺。

不想做将军的士兵不是好士兵。如今,在商业地产领域,万达已经成为行业中的"常胜将军",于是这位"将军"要带领着自己的军队继续开疆拓土,万达的旗帜已经插入文化娱乐和旅游产业。

  万达终将拥有属于自己的一座商业帝国,这是对一名优秀的将军、一支优秀的军队最大的认可。

第六章

野心：我只做老大

1. 四次关键转型是如何完成的

这是一个求新求变的时代，即便是百年企业，也必须在日益更新的市场环境下推陈出新，没有一家企业能在一成不变的状况下求发展。万达从成立到现在，经历了四次重大的转型过程，在王健林看来，这四次转型就是他精心布置的四步棋。

自从1988年公司成立，万达就开始了一步一步的拓展之路，到了1992年，公司已经积累了一部分资本，"不安分"的王健林开始把目光投向全国市场。

想要走向全国，就必须寻找一个最佳突破口。广州是中国最发达的城市之一，因此王健林瞄准了广州市场，将广州当做走向全国的第一站。于是，万达成为了中国第一家跨区域发展的房地产企业。然而，双脚刚刚站到广州的土地上，王健林就遇到了一个巨大的困难。

按照国家规定，外地企业不可以在广州注册，这等于广州这座城市让万达吃了一个闭门羹。不过，在王健林的字典里没有"退缩"这个字眼，他的脑海中深深刻录着毛主席说过的一句话："世上无难事，只要肯攀登。"

当兵的十几年里，只要遇到困难，王健林都会用毛主席这句话激励自己，经商之后，这句话依然管用。与其在困难面前退缩，不如找出突破口，给困难迎头痛击，王健林打定主意要留在广州，于是就把全部精力放在了如何留下来上面。

通过对政策的研究，王健林发现如果成为当地房地产企业的分公司，就有了在广州做项目的资格，当然，这要付出不小的代价。王健林找到当地许多家房地产企业，最后只有广州华侨房地产公司愿意把做项目的资格提供给万达，条件是万达必须向华侨房地产公司每年支付200万元的费用。

对于刚刚发展起来的万达来说，200万是一笔不小的投入，王健林也曾经犹豫过，但是留在广州的诱惑力实在太大，如果能在广州站稳脚跟，那200万的投入就只是一个小数目了。

于是，万达成为广州华侨房地产公司的分公司，办理了执照，拥有了在广州做项目的资格。从那一刻起，万达向全国进军的号角正式吹响，万达的项目如雨后春笋般在全国各地迅速扩张。到了2012年，万达走出大连整整20年，其在中国投资的城市已超过90个，成为全国进入城市最多的房地产企业。

王健林就这样成功地在"棋盘"上落下了第一颗"棋子"，至于第二颗"棋子"应该落在哪里，他思索良久。

2000年是万达又一次发生重大转折的一年，这一年万达正式加入商业地产领域。而在从事商业地产之前，万达也对其他领域进行过尝试。

其实，商业地产并不是万达进行第二次转型时的首选，在此之前，万达曾经尝试过制造业，其中包括奥的斯电梯、变压器、制药厂，甚至还曾经尝试过超市与外贸行业，但是时间并不长，因为王健林发现，如果全身心投入一个并没有多少经验的行业，就意味着从前的一切成绩与经验将被全部清零，从零开始的路并不好走，战线拉得太长，进展也太慢，最终不一定取得成功。

唯有房地产是万达最擅长的行业，于是商业地产就成为第二次转型的不二选择。自从在商业地产中找到感觉，万达就以势如破竹的姿势迅速发展起来，平均每年都有超过400万平方米的物业建成。能取得这样的成绩，王健林并没有"贪功"，而将功劳归结于中国的地大物博与人口众多和强大的消费能力。

在建设"城市综合体"的过程中，万达也积累了建设和经营五星级酒店的经验，因此五星级酒店也成为万达商业地产的重要组成之一，几乎每个购物中心都会配备一家五星级酒店，如今万达也已成为全球最大的五星级酒店业主。

前面已经说过，万达从事电影院线行业，是一次"无心插柳"之举，这里就讲述一下这次"无心插柳"背后的故事。

万达购物中心建成以后，电影院成为必要的配套产品。起初万达并没有想过自己成立院线品牌，而是打算与国际知名大企业合作。

万达先是找到美国时代华纳院线，喜欢看好莱坞电影的人都知道这家公司的实力与品牌，可是最终双方没有合作成功，原因是在中美WTO谈判中，规定外资不能控股中国影院，这就让华纳失去了主动权，如果与万达合作，华纳的身份就变成了一个小股东。而当时中国的电影市场并不像现在这样景气，全国的票房加起来也不过一亿多美元，这对于华纳来说就像蚊子腿上的肉，可有可无，如果为了这一点点票房屈居小股东的地位，还要拿出相当一部分财力与人力的投入，华纳觉得不值，放弃了这次合作。

于是，万达将合作对象的范围锁定在国内，国有的广电集团自然是首选目标。万达先后与上海、江苏、广东、北京等地的广电集团进行过合作谈判，万达的谈判方案是，自己依然保持业主的身份不变，经营的权利交给对方。

可是几番谈判后，万达发现国有集团在赚钱能力方面似乎并不突出，而这期间又发生了一段小插曲，让王健林打定主意自己来经营。

这个小插曲发生在万达与上海广电集团之间，当时的上海广电集团总裁是一位很有创新思想的人，十分看好与万达的合作，并且已经签订了协议，交了保证金。但是协议刚刚维持了半年，上海广电集团内部发生了变化，这位总裁卸任，换了另一名总裁后，新总裁坚决不履行与万达签订的协议。

这等于摆了万达一道，因为当时有十个万达新店即将开业，在开业的同时，电影院也要正式开始营业，这时候出了岔子，万达等于被"逼上梁山"，只能由自己牵头来经营电影院。

没想到万达赶上了一个好时候，从2005年开始中国的电影市场进入了"春天"，万达电影院线每年的销售额都以30%的速度在递增，中国的电影票房从每年不到1亿美元，到如今已经超过了160亿元人民币，如果按照这样的势头一直发展下去，在不久的将来就会超过北美市场的票房。

从电影院线行业中，万达看到了中国文化和旅游产业的前景，于是，紧随其后就有了在武汉开业的万达电影科技乐园。

从 2008 年开始，万达又开始涉足旅游项目，代表着中国南北两地不同地域特色的长白山国际旅游度假区、西双版纳国际旅游度假区两花齐开，尤其是西双版纳国际旅游度假区，被人们形容成可以与迪斯尼乐园"叫板"的项目。

当第三次转型完成后，王健林已将发展的目标瞄准国外。用王健林的话说："如果只在中国发展，即使做得再大，也只是一个国家的企业。要想成为世界范围的著名企业，就一定要走出中国。"

万达的第四次转型是从并购美国 AMC 影院公司开始的，选择并购如此大规模的影院公司，并不是万达为了做大而做大，而是看好了 AMC 的利润和发展前景。这是万达第一次与海外的公司进行并购谈判，这也让万达积累了并购谈判的经验，与其说是在并购，不如说是为日后在海外市场的发展而上了一课。

在海外并购的过程中，万达也发现，很多美国大企业并没有真正的主人，股东只追求短期回报，没有长远规划，这也是他们没有长远发展的原因。万达充分吸取了这方面的教训，不看短期利益，哪怕是短期的亏损也可以接受，只要放眼于长远，就一定有盈利的可能。

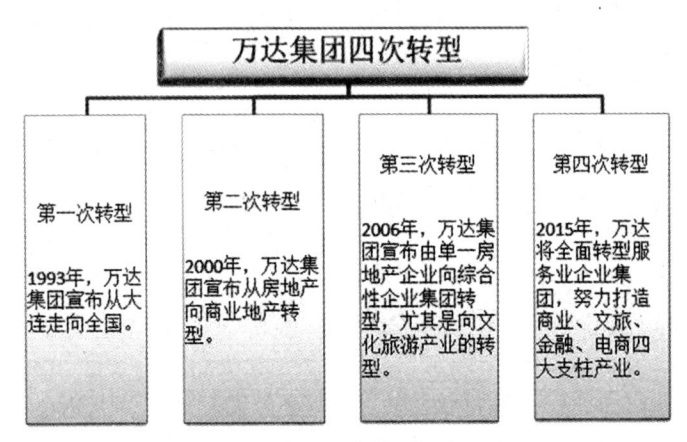

```
万达集团四次转型
├── 第一次转型: 1993年，万达集团宣布从大连走向全国。
├── 第二次转型: 2000年，万达集团宣布从房地产向商业地产转型。
├── 第三次转型: 2006年，万达集团宣布由单一房地产企业向综合性企业集团转型，尤其是向文化旅游产业的转型。
└── 第四次转型: 2015年，万达将全面转型服务业企业集团，努力打造商业、文旅、金融、电商四大支柱产业。
```

万达集团四次转型示意图

其实，如今的万达正在酝酿另一场改变，严格意义上讲，这也许不算是一次大规模的转型，但是对于万达未来的发展却一定有着至关重要的作用，那就是从重资产到轻资产的转变。

所谓重资产，就是万达如今拥有的"城市综合体"项目，其中包括大型万达广场、周边写字楼、商铺、住宅等，万达作为业主，租金收益全部归万达所有。所谓轻资产，即万达负责选址、设计、建造、招商、管理，而所有投资建设万达广场的资金则由别人来出，产生的租金收益，万达与投资者协商，按照一定的比例分成，这也是由万达自主研发的一种商业模式。

截至2015年，万达广场已开业135个，这些全部是重资产时代的产物，从选址、谈判、设计、拿地再到开业，至少要经历三年左右，而从2016年开始，万达则正式进入轻资产时代。

按照万达的计划，从2017年开始，每年至少开业50个万达广场，其中40个以上都是以轻资产模式建设，直到五年后，重资产时代也许就将正式退出万达的历史舞台，而万达也就真正实现了完全轻资产化。

至于为什么要把原本发展得很好的重资产模式转变成轻资产模式，万达也有自己的理由——扩大竞争优势。

其实，如果万达是个安于现状的企业，如今的发展态势已经足以，光是靠物业租金，就已足够养活这个庞大的企业，可万达是一支有野心的部队，觉得目前的规模依然太小，而想要扩大竞争优势，就必须做大。

按照王健林的分析，中国房地产已走到供需平衡的拐点，这就代表着房地产高利润的时代已过去，单凭万达自己的经济实力，想要在现有基础上继续做大，并不是件轻松的事。不过，二十多年的发展，万达已形成品牌和良好的口碑，许多人主动拿着钱来找万达合作，这些外来的钱就成为万达进一步发展的资本。

不过，在做大的过程中，万达也并不盲目。直到如今，万达依然将目光主要放在中小城市。

按照常理，一二线城市的确可以收到更高的租金，然而，扣除掉各种税费后，剩余的利润反而不如中小城市性价比高，甚至可能投资成本更大。中小城市的房价的确比不上一二线城市，可是一旦转为轻资产模式，房价就成了不需要考虑的因素。因为在轻资产模式下，只投资，不销售，只要城区里有足够的人口，能够收到满足投资回报率的租金，项目就可以进行。

一般的商业地产企业根本不敢轻易踏足三四线城市，因为相比于一二线城市，中小城市的招商是最大的难题，而这恰恰是万达最不需要担心的因素，因为如今已有超过五千个商家成为万达的合作伙伴，无论万达走到哪里，他们都会无条件地跟随进入。

其实，中小城市的经济水平并不像一般企业想象的那样悲观，只要一个城市的人口达到四五十万，就完全可以承载一个大型万达广场。相比于一二线城市，中小城市的消费者更具有高的忠诚度，而且这些城市的政府许多都是主动提出与万达进行合作的，万达不仅能以较低的成本拿地，更可以挑选比较好的中心地段。

对于万达来说，比招商更难的问题，似乎是如何从众多商家中挑选出一部分。为了预防风险，万达规定每个商家在万达广场开店数不得超过当年开业万达广场总数的三分之一，这样既防止了商家本身出现问题，也能防止万达内部出现腐败问题。

万达做轻资产的另一个目的，是为了产生边际效益。平均每年有二十几个万达广场开业，之所以要如此迅速地扩张，是因为王健林从中国城市的发展规律中看出，一个国家城市化的关键进程只有二、三十年，错过了这个机会，也就错过了大规模发展的机会。既然已经赶上了城市化发展的顺风车，万达就不会错过这个历史赠予的绝佳机会。

在快速发展的过程中，轻资产模式可以帮助万达快速发展边际效益，例如万达正在做的宝贝王项目，就是中国第一个综合性的儿童娱乐项目，其中不仅包括儿童游乐项目，还包括如今家长都十分重视的教育培训以及美食、零售项目。如今，儿童几乎已成为"最有消费能力"的群体，父母为了孩子甘愿付出，孩子需要的也就是商家应该努力发展的。

目前，还没有任何一家与儿童业态有关的商家像万达一样，将各种有关儿童的项目综合起来，万达也曾尝试过与国外的公司进行合作，可是那些公司一年最多只可以开一两家店，满足不了万达快速发展的需要。万达的目标是做成全球最大的儿童娱乐企业，不知道这算不算是万达的又一次转型，但可以预见的是，这一项目一旦成功，有可能改变中国家长与儿童的消费方式。

2. 万达广场为何兴旺

经商的目的是什么？为了赚钱？为了获得社会地位？为了获得消费者认可？经商的原因和目的在每个人心中都有不同的解答，这个问题没有标准答案，但可以确定的是，没有任何一个人经商是为了亏本。

然而，当今实体店的消费现状并不如从前，这其中的原因多种多样，也许是因为物价的涨速太快，也许是因为竞争对手越来越多，也许是因为消费者可选择范围越来越广……

在这种态势下，商家的收入正在一点一点减少，这种情况在商场和购物中心行业表现得尤为明显，不仅客单价在下降，单个顾客的平均消费额也在下降，许多商场顶不住市场的冲击关门大吉，可万达广场的新店却每年都在以稳定的数字逐年增加，并且开一家火一家，这一现象引起同行业者甚至所有经商者的深究。

万达广场自从诞生，几乎就没有遇到过经营不下去的情况，在最初摸索的那几年，万达的确遇到过一些经营方面的困难，但是克服困难之后，万达在中国的商场和购物中心领域就几乎立于不败之地。

这其中最重要的一个原因就是选址。中国有句俗话："人在哪里，钱在哪里"，光看字面意思似乎并不容易理解，其实说白了，就是人流大的地方，就容易赚到钱。

许多商家在选址时陷入了误区，首先是图房租便宜，将店面选在人流少的地方，认为只要宣传到位，做出品质，就不愁顾客上门。可惜，如今已经进入"酒香也怕巷子深"的时代，比如，那些在人流密集的商圈的冰淇淋店从来不缺少顾客，可也许那家的冰激凌并不好吃，却依然赚得盆满钵满，而那些在僻静巷子里营业的咖啡店，也许品质很好，却门可罗雀，最终只能无奈关门。

在选址方面，万达已经摸索出一套最适合自己的套路：不选最贵的，不选最便宜的，只选最适合的。

对万达来说，所谓的"合适"就是交通便利、居住人口规模足够大、周边没有相同业态。市中心也许有足够的客流，但也意味着高额的地价。与普通商家相比，万达少了租金的环节，因为万达的所有建筑都由自己建造。不过，地价是比租金更高昂的成本，为了保证收益不被降低，万达总会舍弃城市的核心区域。

相比于庞大的人流，便利的交通条件也很重要。不过，万达广场选址要求至少要面临两条城市主道，这样每一个来万达的顾客都可以从两个方向进出商场，如果只有一条主道，就可能发生堵车的情况，同样也会堵住人流。

因此，万达在选址时对交通的要求就是要保证车辆能快速进来，也能快速疏散。这一点不止针对地面交通，地下停车场也一样，开车来的顾客把车停在地下停车场，万达就必须让顾客在离开时能快速找到自己的车位。

一家商场需要庞大的客流才能够维持生存，这样的客流却并不一定是流动人口，像机场、高铁车站这样的地方人流的确足够多，但却不能带来足够的忠实顾客，周边的居民反而是更加稳定的客户群体。因此在选址之前，万达会考察周边半径五公里内居住的人口数量，只有达到三十万以上，才会考虑在这里选址。

万达的第三点考虑因素似乎并不能得到所有人的理解，有人认为，万达已经是知名品牌，为什么还怕与同行业的竞争？其实万达并不是害怕，但是若能尽量避免竞争，为什么一定要在竞争对手面前迎难而上呢？

在营销学里，决定商家成败的关键因素之一就是"定位"，任何一款商品都不能针对所有消费者，商场也一样。你想要满足年轻人的新潮，就不能满足老年人的保守；想满足中低端消费者的喜好，就不能卖高价的奢侈商品。

万达的成功，正确的"定位"占据了重要的地位，万达的定位是"年轻、时尚、流行"，客户群体主要针对15-35岁的年轻人，主要经营的商品是时尚品牌、大众餐饮、文化娱乐类产品。

很多人认为，高端商品更能吸引具有消费能力的人，万达却不这样认为，中国最多的就是普通大众，只有满足普通人的消费需求，才能拥有更广阔的市场。因此，万达广场的消费水平大多是中等偏上，商场中大多是普通消费者能消费得起的品牌，这样不会导致商场中客流过少，最大的好处就是可以聚拢人气。

只有在那些地段特别好的商场里，万达才会偶尔做一下高端品牌，如果各方面条件都足够，万达才会考虑建立奢侈品购物中心。

万达在其做过的调查中发现，奢侈品店的确可以产生高额的客单价，可惜人流少，消费概率更低。而对于消费者购买行为的一份调查数据也显示，顾客在发生购买行为时，目的性消费只占20%-30%，其余的全部是随机性消费，因此对普通消费者的定位非常重要。

也就是说，在100个人里面，最多只有30人是抱着购物的目的来商场消费的，其余的70人都是在其他目的下发生消费行为的。例如情侣约会，原本打算看电影、吃饭，可是在路过某家店铺时被某件商品吸引，从而产生消费。

这是普通消费者中最常见的情况，只要一家商场以这样的定位经营成功，接下来的商场马上就可以按照这种定位进行复制。

相反，奢侈品购物中心的局限很多，既受城市限制，也受地段限制，消费者的消费层次与消费水平更是其中最大的限制。在这方面，万达也花了一些"小心思"，针对普通消费者的商场中，可以偶尔出现一些奢侈品牌，吸引一部分高消费层次的消费者，可是如果一开始就定位成奢侈品购物中心，一旦发现并不成功，想要转回普通消费的定位就有些困难了。

任何建筑都离不开设计，尤其是商家。作为一家成功的购物中心，有时内部构造的设计比外观更加重要。

许多商场和购物中心在建设时喜欢请知名建筑家来设计外观和内部构造，可是他们忽略了一点，建筑家并不一定懂商业，他们设计出来的东西也许会成为一件艺术品，却不一定能满足商家和顾客的需求，更不能带来更多的客流与盈利。

在这一点上，万达更像是个实用主义者，在内部设计构造方面会根据不同店铺的需求进行不同的设计，而不是千篇一律地采用相同的层高、面积，让商家为了适应这样的店铺而改变自己的风格与需要。

因为万达广场的成功，王健林也成为商场行业争相邀请的人物，他们邀请王健林最主要的目的，是希望他能在商场的设计方面提出一些意见。王健林是个中肯的人，不会将自己的经验藏着掖着，每次都根据自己的经验提出最有用的建议，甚至在看到一些商场没有改变的价值时，索性就建议他们炸掉重来。可惜，这样的建议很少有人敢采纳。

王健林曾经建议上海一家购物中心炸掉重建，这是一家地理位置十分理想的购物中心，不仅靠近大学城，还位于地铁站的终点。可是这家购物中心最大的弊端就是楼层太少，单层的面积又太大，每层面积达到6万平方米。顾客走在这么大面积的商场里根本不像是在购物，反而像是在"徒步"，很可能一进来就迷失了方向，就算刚刚看好了某家店铺的商品，转了一圈之后就彻底找不到那家店铺的位置，销量就这样在无形中损失掉了。

这家商场的内部设计并没有考虑商家的需求，每一层的高度都是4.5米，在商场刚刚开始建设时，王健林就曾提议将已经盖好的部分炸掉重来。可是几位股东实在心疼已经投入的几千万元，终于还是按照原来的设计盖了下去。最终的结果是这家购物中心根本没有建成，建到一半就成了烂尾楼，因为心疼当初花掉的几千万，到后来竟然损失了几个亿，这样的代价实在是太大。

不肯听取王健林建议的商场不止这一个，在广东，有一个号称世界最大的购物中心，可是七八家国际国内招商团队都无法为这家商场吸引到商铺与人气，王健林给出的建议是放弃这家购物中心，将这栋只有三层的建筑炸掉，把地皮按照当时的价格卖出去，这样不仅能让股东收回投资，还能归还银行的贷款。可惜，股东们没有采纳王健林的建议，直到如今，那家购物中心依然在生死边缘挣扎。

其实，不只是购物中心，任何与商业有关的建筑在设计上都必须先满足商家的需要，才能完成最基本的招商。济南泉城路商业街，也犯了与前两家购物中心同样的错误。这是一条有着几百年历史的商业街，曾经拥有很旺的人气。可是人们忽略了一点，那就是这条街的宽度从前只有十五米，自然，人流看上去就十分密集。

后来，这条商业街被拓宽成了七十米，这远远超过了一个人在逛街时的行走与视线范围，人们大多只选择在两边行走，步行街的中间变成了"空场"，冷冷清清，无人问津。最后，这条拥有几百年历史的商业街只能无奈被改建成一条城市马路，曾经的旺盛一去不返。

按照万达总结出来的经验，人在逛街时是有惯性的，走惯了一个方向，每一次都喜欢朝那个方向走，因此商场在进行内部设计时，就必须把商场设计成一个"蓄水池"，目的是把人流兜住。万达还发现，人在逛街时能承受的最远距离大约为四百米，超过这个长度就会感觉累，如果单层的面积太大，顾客根本没有耐心逛完。

商场的设计决定着招商是否成功，而对商家的选择决定着对消费者是否具有足够的吸引力。

去过万达广场的人一定都知道，里面的餐饮行业多达几十家。很多人并不理解，作为一家商场，主要的商铺似乎应该是以销售为主，而万达广场中的商铺，大多以体验式消费为主。

无论中国哪个地区的人，对吃都同样看重，区别的只不过是美食的类型与口味，因此万达对餐饮行业十分重视。万达在选择餐饮商家时，并不一定选择连锁餐饮企业，也不需要同一家餐饮企业跟随万达走进不同的城市，而是按照当地百姓的口味去选择餐饮商家的品牌。

在每个地区的万达广场开业之前，万达会提前进行一次餐饮行业的调查，排出当地餐饮行业的前三十名，至少要在里面挑选二十家以上引进万达。

许多商场认为，卖服装的商家可以缴纳更多的租金，可是以如今消费者的消费能力与喜好，服装店铺的成交量已大不如前，如果将其他业态的店铺按照一定比例合理搭配，收到的租金并不比服装店铺少，尤其是餐饮行业，还可以将吸引来的客流带给其他商家。

一家购物中心想要做出口碑，内部管理十分重要。万达在商业管理方面配备的干部远远多于其他系统，薪资待遇甚至和房地产开发人员一样多。

打开门做生意，总是会遇到各种各样的问题，尤其是商业纠纷。没有人可以避免问题的发生，但却可以避免在问题发生后逃避问题。主动出面解决问题才是最好的方式，及时与对方沟通，再研究出最佳解决方案，许多问题就会顺利化解。

相反，如果一味地逃避问题，问题不仅不能妥善解决，甚至可能恶化，严重的还可能影响商场的经营，在顾客中造成极差的口碑。

从事商业地产多年来，万达早已把商家当成了自己人。对商家进行扶持，是万达最常做的事情。有些商家具有很大的发展前景，可惜资金不足，不能做大，发展成连锁。对于这样的商家，万达会为他们提供装修费用，再由商家来分期付款，先帮助他们把店开起来，之后的经营就容易得多。

万达虽然是"房东"，却不靠压榨"房客"来发财，它始终抱着与商家一同发展的心态，希望彼此共同进步、共同兴旺。

在管理方面，万达还率先采用了信息化管理和标准化管理，避免人工管理出现的错误与纰漏，更减少了模棱两可的管理概念。正因为对以上这些方面的重视，万达才能取得如今的成绩，虽然这些经验不一定对每个商家都同样适用，但只要能做到这几点，至少不至于沦落到失败的境地。

3. 科技手段有效管理

不同规模的企业有不同的管理方式，相对规模较小的企业，除了企业制度的约束，更多是靠人情的调剂。因为小企业的人员有限，几乎每天都可以见到所有工作人员，如果事事都将制度搬到台面上，有时会因伤了感情而伤了企业。

虽然靠人情进行管理听上去不够专业，但是只要用对方法，却未必不是小企业最佳的管理方式。然而像万达这样有近十万员工的跨国集团性企业，如果光是依靠人情进行管理，想必早就乱了套。

众所周知，万达有着如同军队般严格的管理制度，制度的条款甚至细化到员工在什么季节应该穿什么颜色、什么款式的衣服，男性员工的服装制度细化到领带的颜色，女性员工的服装制度细化到裙子的长度。

但无论管理制度制定得怎样严苛，最终依然要依靠人员进行管理，不过，以万达如今的规模，只靠人员进行管理，一定会显得力不从心，这时候，高科技手段的管理方式就显示出了巨大的优势。

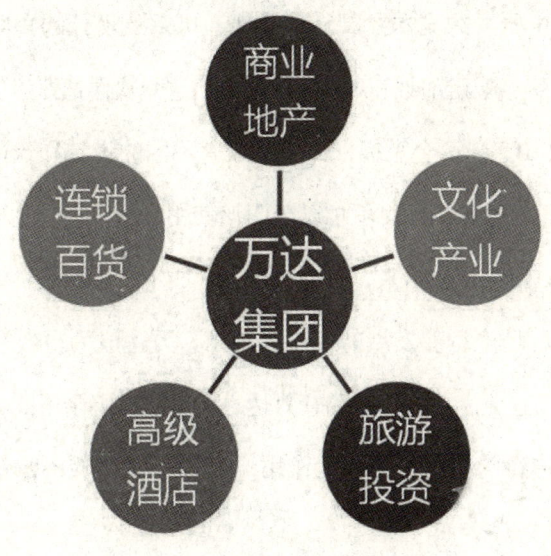

万达旗下产业

  在这个信息化时代，包括万达广场、万达酒店、万达文化旅游在内的所有项目全部实现了信息化管理。这种管理方式的监督者不再是人，而是中央智能化控制系统，这一系统可以将一切数据进行信息化处理，大到能耗，小到人员、车辆、客流的信息。

  信息化管理最大的好处就是节省了能源，系统地统计了营销数据。它不仅可以根据顾客的分布情况决定空调的开关与风速的大小，还能对进入购物中心的人数、车辆数、销售额进行统计，甚至可以对施工现场进行智能监控，想知道工程的进度，只要在系统上看一眼就一目了然，如果刚好不在电脑旁边，通过系统，用手机也可以在网上办公，大大提高了工作效率和安全系数。

  一个项目是否成功，成本控制起着至关重要的作用。不过，成本究竟用什么方式进行最科学的计算，这就需要依赖科技软件。

万达自主研发的成本控制管理软件，可以从设计的角度去测算成本，并且能够在施工阶段完美地执行下去。这套软件把万达广场和万达酒店分成A、B、C三个等级，每个等级有不同的设计和建造标准，按照这一标准，在设计招标时就可以表明该使用什么材料，这样一来，系统就会将成本自动生成出来，从源头保证了成本方案的可实施性。

在中国房地产行业发展的二十多年来，万达成为少数在这一行业中站得住脚的企业。王健林认为，万达之所以能够立于不败之地，有一句在行业中流行的俗语起了很大作用，那就是："赚钱不赚钱，全在预算员"。

其实这说的就是成本控制问题，除了用科技软件进行成本预算，万达在财务和成本控制方面也采取集团垂直管理。在中国的大型房地产企业当中，万达是唯一一家实行财务集权管理的企业，万达财务系统的人员无论在哪个城市工作，都隶属于集团财务部，由总部进行管理，工资也由集团支付。

这样一来，集团对财务人员的控制力就加强了，而这些在分公司工作的财务人员，也就相当于集团在分公司的财务监督人员。如果财务人员由分公司进行自主管理，时间久了，财务人员就变成分公司的"自己人"，就会产生许多财务漏洞，甚至会发生分公司领导和财务人员串通贪污的情况。

在贷款、担保一类涉及巨额财务的问题上，王健林更是进行了严格管控。按照万达的规定，除了王健林本人，任何万达的分公司以及与万达有关的人员都没有贷款权和担保权，更没有负债权，有资格调配资金的只有王健林自己。

这样做的目的，也是为了不给员工提供犯错的机会。王健林曾说过："与其事后惩罚，不如预先防范，堵塞漏洞。"在全世界的诸多行业领域里，房地产行业是漏洞最多的行业，而想要长期稳定地发展下去，就必须对这些漏洞具有预判能力，把危险扼杀在萌芽中。

在资金方面，万达更是采用了严苛的"项目资金封闭管理"。即由某个分公司进行建设的项目，按照目标责任来使用资金，决不允许到另一个项目或分公司去借调资金。这样做的意义在于不让经营状况差的分公司拖累经营状况较好的分公司，至少能保住公司的大部分利润和产业。

以上这些，都可以通过万达自主研发的软件系统进行解决，这些软件系统不仅万达自己适用，也可以给其他房地产公司提供经验与借鉴。

在成本管控方面，万达采取成本预警制度，在这一管理制度里，万达会设定成本范围，只要超出这个范围，系统就会马上发出警告。除了警告，系统接下来还会对超出预算的原因进行分析，例如曾经有一个分公司的项目预算是一亿元，项目完成后竟然超出预算三千万元，系统分析后发现是施工单位为了加快施工进度，导致预算超支。

除了成本预警，内部审计同样重要。万达的审计工作，不仅会对工程人员进行审计，就连财务都会成为审计的对象。这也是王健林最看重的一个部门，因此由他亲自管理。

在审计过程中，的确发现过一些问题，有些问题光从表面是看不出来的，但是审计之后却发现营销成本和工程方面都存在问题，万达昆明分公司就曾经发生过这样的情况。审计部门将问题反映给王健林之后，他派专人去核实，一旦发现审计部门给出的结果没有错，那么这个分公司的领导就会被免职。

其实，一个项目成败与否，不止成本计划至关重要，后续的销售、招商、租金等方面也缺一不可。有些企业喜欢走一步看一步，问题发生了再去考虑解决办法。万达绝不容许这样的情况出现，它必须在走一步之前，就清楚地分析出以后要走的几步路。

在"走路"之前，明确责任十分重要，万达有一项制度叫做"目标责任制"，也就是在决策之前，必须要先制定出一份目标决策文件。这个文件可以细化成几十个子项，其中包含材料、装饰、机电等种种内容。而这个文件同样可以决定成本，这时的工作就要由万达的成本控制部和当地项目公司总经理、分管总裁来共同完成。

目标决策文件中的每一个子项，都必须得到双方的认可，而且万达对某些子项都规定了硬性指标，即便是双方同意，也绝对不能违背这个指标。

有时候，为了追求所谓的高额利润，公司会不计成本地进行投入，但是万达没有这个先例，如果主管项目的人员可以把成本降下来，还可以拿到奖金。同样，如果有能力把利润提高，同样也可以拿到奖金。

只有在目标决策文件通过之后，才进入正式签署决策文件环节，万达的每一个项目都不例外，从没有发生过预算与决算有巨大出入的时候。

因此，在进行正确定位的基础上，万达建立了自己的数据库，并给这个数据库取了一个贴切的名字："电子地图。"

这的确是一个类似地图般的数据库，万达已经进入的城市在这份地图上都有标注，详细到在哪个区域，有万达的哪个项目，哪些项目是计划要做的，项目属于什么类型，都会显示在地图上，只要查阅，就能一目了然。

至于为什么要设计这个电子地图，万达有自己的想法，最主要的原因就是对项目进行保护。在决定开发一个新项目之前，可以先到地图上查阅一下，看这里是否已经有商业地产项目，以避免不必要的竞争。

万达有一个原则，那就是"不做规划就不拿地"，这与许多房地产企业的做法都背道而驰。许多企业将拿地看做最重要的环节，为了拿地，可以暂停手头的一切工作，包括规划。而万达却不认同这样的做法，在拿地之前，一定要做好详细的规划，包括要做什么类型的物业，容积率是多少，不止要提前做规划，甚至要提前做好几个备选方案，再从中挑选一个最合适的方案。

这样，在拿地时，万达就能做到心中有数，知道商业和住宅分别占据什么样的比率，在拿地之前，就知道项目建设完成之后可以收到多少租金。而知道收入的最大意义，就是知道自己能够承受多高的地价，以及什么样的付款方式，如果地价远远超过了收入水平，万达会放弃。有了这些前期规划的保障，万达在每一次拿地时都不会出现大错。

做好这些前期工作还不够，万达还规定在成立项目之前，必须先拿出一份可研报告，里面包括由万达自己设计的一百个问题，细化到例如电力取暖费的收取依据，要包括其他周边物业的电力取暖费用以及电力局的相关规定等。这份可研报告做好之后，要由两个人进行签字，提供给银行，作为贷款的数据支持。

购物中心行业最常遇到安全问题，如果不提前进行预防，一旦发生火灾，不仅关系到商场本身的安全，更关系到工作人员和顾客的生命安全。

最初，万达在火灾预警方面做得不够完美。2008年，万达在沈阳的一个售楼处发生了重大火灾。从那以后，王健林下定决心，再也不能让类似的情况发生。于是，万达消防安全自动化管理系统应运而生，它可以监测电缆的温度，一旦发现电缆温度升高，就会自动报警。

这个系统也延伸到万达广场的餐饮店铺当中，因为餐厅是最容易发生火灾的地方，万达广场内的每一家餐饮店铺都安装了这套系统，它可以感知厨房中的燃气是否关好，厨房温度是否升高，一旦发现情况不对就会报警，防患于未然。

很少有哪个企业像万达一样，为了提升管理质量和管理水平，自主研发了一套又一套的管理系统，并且为研发这些系统成立了专门的信息中心。多年以来，万达信息中心取得的成果不容小觑，在国内外已经拿到一百多个软件的知识产权专利，还被工信部评为全国信息百强企业第九名，被美国著名信息化杂志评为全球信息化百强企业。

其实，万达成立自己的信息化研发中心，也是不得已而为之。以前，万达需要的任何软件和系统都要找别人来开发，可是负责开发软件和系统的人并不了解万达的情况，许多功能万达用起来并不顺手，为了给自己量身定制最专业的管理系统，万达成立了自主研发团队，因为对万达足够了解，所以每当万达提出一个需求，研发团队都会用最快的速度去解决。

研发出一套适合万达的软件和系统，快则几个月，最慢也不会超过一年，并且每个系统和软件都拥有自己的知识产权，适用于任何一个地区的万达项目，成为万达快速发展道路上的得力助手。

因为拥有军事化的基因，所以严格的高科技管理系统就显得至关重要。万达每一项工作的进程，都有严格的时间节点和完成时间，这个数据向与这个项目有关的全部工作人员开放，每个人在什么时间该做什么样的事情，只要看到系统就一目了然。

部队里十分重视纪律，万达也是如此，因为有时候，用人来监督人，会出现管理不明晰或者心软的情况，而监控系统则不会，它可以随时抽查各项工作的进展状况，没有任何死角，更不会给员工留下犯错的机会。

万达这种科技化的管理方式是与责任人的绩效挂钩的，奖惩金额都由系统公式来计算，公开、公正，让员工信服，也能调动员工的责任心和积极性。

采用科技手段进行管理，不仅要对员工进行惩罚，也要对员工进行适当的奖励，奖罚分明才是优秀的公司应该具备的能力。尤其是像万达这样的民营公司，员工收入本就不一致，多劳多得，奖惩制度就尤为重要。

在万达，曾经有的分公司因为某个项目做得好，拿到了一笔税后1000万元的奖金；也有的分公司因为打造了万达第一个晚交工的项目，接受了取消两年奖金的处罚。

科学的管理手段,是为了让企业更加进步,万达从中获得的经验,也值得更多的企业去效仿、学习。

4. 不要把鸡蛋放在一个篮子里

规避风险，是企业的必修课之一。当企业做到具有一定实力的时候，将企业的资产分散化，不失为一种规避风险的好方式。王健林曾经说过："不要把鸡蛋放在一个篮子里。"说这句话时，万达已开始向跨国领域发展，从房地产行业向文化产业甚至更多类型的产业扩展，这就是王健林在把"鸡蛋"向不同的"篮子"里分散。

万达的发展过程，赶上了中国经济快速发展的二十年，中国的经济力量在增强，作为中国企业的万达的实力也在增强，国家与企业的双重实力，推动着中国企业走出国门，而实现全球化则成为中国企业在未来一段时间里的必经之路。

万达并不是中国第一个实现跨国经营的企业，在它之前，许多企业已经放眼全球，早早地跨出了国门。万达的跨国之旅自2012年开始，迈出跨国之旅第一步的万达如同一根被引燃的爆竹，全世界都听到了它发出的巨响。

2012年，万达斥资26亿美元并购了美国AMC影院公司，成为全球最大的电影院线运营商。一时间，全世界为之哗然，随之而来的是全社会的关注与争议。

早在几年前，联想集团就收购了IBM公司的PC部，人们认为这是"美国人欠账，中国人买单"的行为，万达收购AMC也不禁让人产生了同样的猜测。甚至有人认为，这根本就是一个"贪心不足蛇吞象"的举动，不知道万达这条"蛇"能不能消化掉AMC这头"大象"。

可王健林却不这么认为，万达每一次转型，他都事先做好了失败的心理准备，对他来说，即便这次收购失败，也顶多算是在迈向国际的道路上交了一次学费。成功的路上总有失败，甚至可以说失败是必要的，否则永远也不会成长，更不会成熟。

一家AMC公司还不至于让万达难以消化。既然已经决定发展文化产业，收购AMC就完全符合万达的发展逻辑。既然要做，就要做大，收购了AMC，万达也就为中国电影打开了美国市场，既然早晚都要进入，不如索性赶早。

不过，虽然成为AMC真正的主人，万达却为AMC留出了足够的自主空间，是否引进中国影片、引进多少中国影片、引进哪一部中国影片都由AMC管理层按照美国当时的市场需求来决定。

这就是王健林的风格，既能够做到集权，又能够做到分权，集权与分权之前，他总能掌握好一个最合理的尺度。

收购了AMC以后，万达在全球范围内就拥有了428家电影院、5758块屏幕，人们以为万达的跨国野心会暂时得到满足，但王健林却早已为跨国发展制定好下一步的战略部署。

经营一个企业，就像管理一支行军打仗的军队。该什么时候出击，以怎样的方式出击，派出多少人来出击，都必须由指挥官提早决定，亲自掌控。

在受邀参加《财富》全球论坛活动之一——"全球商业转移"时，王健林曾经表达过自己收购 AMC 的观点："不要像《钢铁侠》电影中的双重标准那样，到当地市场去叫当地人打酱油，不要到美国一个标准，印度一个标准，到中国一个标准。"

他认为，电影《钢铁侠》只在影片中邀请两名中国知名演员充当"打酱油"的角色，是对中国市场和中国消费者的不尊重，只是为了赚中国市场的钱，在北美地区放映时，两名中国演员的戏份索性被全部剪掉，这是一种投机取巧的行为，注定会失败。

王健林希望万达收购 AMC 后，能改掉这种"双重标准"的经营方式，他说："不管什么行业，一定要把当地市场、当地消费者看成所在国市场一样尊重，这才能获得成功。"

收购美国 AMC 公司，只不过是王健林的文化帝国计划中的一部分，在万达向海外市场扩张的版图里，这只是很小的一步路。

2013 年，万达又向它的国际版图迈出了坚实的一步，这一年万达斥资 3.2 亿英镑，收购了英国圣汐游艇公司接近 92% 的股份。

王健林曾说："跨国经营是一家大型公司经营到一定规模后的必然途径。随着中国经济增速逐渐放缓，万达需要到海外市场寻求更大的增长动力。"跨国公司已经成为推动经济全球化的核心力量，以这样的速度发展下去，相信用不了多久，整个世界都会对万达这个国际巨型商业集团刮目相看。

因为王健林本人就是一名游艇爱好者，自己也曾花费 8000 万人民币购买了一艘游艇，于是人们再次猜测，万达收购圣汐游艇公司纯属王健林个人的喜好。不过，王健林从来就不是个肤浅的人，不会用自己的爱好来左右万达的发展进程，收购圣汐游艇公司完全是因为万达需要。

成立于1968年的英国圣汐游艇公司，是英国皇室专用的游艇品牌，拥有大批高端客户，其中很大一部分都是世界各国的富豪。在收购英国圣汐游艇公司之前，万达已在大连、青岛、三亚三座海滨城市分别建造了一座游艇俱乐部，每个俱乐部可供三百艘游艇停泊。

身为游艇俱乐部，万达也必须拥有属于自己的游艇，每个俱乐部大概需要配备十艘游艇，总共需要三十艘。

万达算了一笔账，购买三十艘游艇的价格，几乎和收购一家游艇公司的价格差不多，既然如此，那为什么不索性收购一家呢？这样，既可以降低游艇的成本，又可以通过游艇公司来盈利。

就这样，英国圣汐游艇公司成为了万达的一份子。这原本就是一家盈利的公司，万达购买后，英国圣汐游艇公司依然保持着每年3000多万英镑的利润，订单不仅没有减少，反而有增多的趋势，用王健林的话说："圣汐现在基本上在满负荷生产。"

成功收购英国圣汐游艇公司后，王健林依然保持着与美国AMC公司一样的管理策略，充分放权，让他们放手去干。万达不仅不干涉英国圣汐公司的管理方式，更保留了原来的全部管理层人员，更没有派任何一名万达的员工去进行监督，万达如今的身份只不过是英国圣汐公司真正的主人，其余的事情就交给管理人员与工作人员去做。

国际化是万达的发展目标，因此王健林希望万达成为中国第一批真正的跨国企业之一。王健林是个说一不二的人，万达也就成为一家说一不二的企业。

继收购英国圣汐游艇公司之后，在同一年，万达在伦敦投资7亿英镑，建设超五星级万达酒店和顶级公寓。2014年6月，万达又斥资2.6亿欧元买下了西班牙马德里市中心的"西班牙大厦"购买两年后售出，在西班牙人心目中，这是马德里的地标性建筑。一个月后，万达又斥资9亿美元在美国芝加哥建造了一座高350米的五星级酒店；过了短短一个月，万达又在美国洛杉矶一块钻石级别的地块中标，开始在那里建设万达洛杉矶项目；几乎是在同一时间，万达又并购了澳大利亚黄金海岸市著名的珠宝三塔项目。

2012—2014年，是万达海外扩张计划迅猛发展的阶段，中国企业也正处于国际化的阶段，在这个时候，谁能更早地认识到这一点，并快速地采取行动，谁就能更早地成为跨国企业。

在世界五百强企业中，中国和美国都占据一百多家，虽然在数量上看上去并不落后，但是在经营理念上却相差甚远。

欧美的大型企业大多都是在激烈的市场竞争中淘汰了弱者而最终站稳脚跟的，无论是在技术含量还是知识产权上，都占据绝对的优势。这一点，中国企业很难做到，中国的大型企业大多是靠资源垄断形成的。而要想让中国企业真正在国际市场上占据一席之地，仅仅在五百强的排名里占据一百多个席位还不够，这一百多家企业必须都是真正具有跨国色彩、跨国组织特征的企业，王健林希望万达能成为一家这样的企业。

在完成了以上的跨国并购案之后，万达的海外投资方向开始向文化产业、五星级酒店、财务投资三方面并拢。这也是万达在未来一段时间里的主要发展方向，几乎从每一次并购案中，万达都能学到一定的经验。如今，万达在海外投资谈判、企业文化融合、海外运作方面都已经积累了丰富的经验，并且在未来的规划当中，几乎每一年都有收购一到两家外国大型企业的计划，有些已经正在谈判当中。

按照万达的计划，到2020年要在世界8个到10个主要城市建成15家万达品牌的五星级酒店。目前在国内已经开业的，包括万达嘉华酒店15家、万达文华酒店3家、万达瑞华酒店1家，这三大自营酒店品牌全部都能完成经营指标，万达在管理方面已经达到国际一流酒店管理集团的水平，成为世界知名五星级酒店品牌指日可待。

在做出成绩的同时，万达受到国际上的认可，王健林也获得了与国际首脑会谈的机会。

2012年12月3日，正在访华的英国前首相卡梅伦与王健林举行了一次会谈，会谈中，卡梅伦对万达集团收购英国圣汐游艇公司表示祝贺，并且欢迎万达集团在伦敦建设高级酒店。如果万达愿意进一步在英国投资和发展，英国政府将给予全力支持和帮助。

与英国前首相卡梅伦的这次会谈，是王健林与国际首脑接触的开始，一年之后的2014年5月19日，俄罗斯莫斯科市市长索比亚宁又在北京君悦酒店与王健林进行了会谈。海外媒体就该次会谈的内容进行了报道，报道中说俄罗斯经济问题导致卢布持续贬值，俄罗斯政府积极地与中国政府开展人民币与卢布互换机制，这一次与王健林会谈就是为了协商一个价值数十亿美元的项目。

索比亚宁打算向万达集团提供一块土地，万达集团可以在这块土地上建造约9.3万平方米的物业地产。

半个月之后的6月2日，王健林又见到了澳大利亚总理托尼·阿博特，除了收到称赞与祝福，万达更是成为澳大利亚最受欢迎的投资对象，托尼·阿博特甚至表示，澳大利亚政府将全力提供各种支持和协助。又过了3个月，9月26日，西班牙首相马里亚诺·拉霍伊又在西班牙驻华大使馆会见了王健林。

2015年，王健林在美国首都华盛顿参加了"选择美国"投资峰会，会上，美国总统奥巴马热情地接见了王健林，并欢迎万达集团赴美投资，承诺一定会为万达集团营造更有利的投资环境。在这次投资峰会上，王健林也成为唯一一位受邀与奥巴马会见的中国企业家。

与此同时，美国商务部长普利茨克、华盛顿市长鲍泽、美国驻华大使鲍卡斯都向万达集团抛出了橄榄枝，美国商务部更是承诺会对万达对美投资提供全方位服务。

在中国企业家商学院对发生在2013—2014年的中国企业跨境并购案统计中，万达集团获得了第一名，其实除了在海外收购企业，万达在金融投资方面也取得了不俗的成绩。

2013年11月14日，万达集团发行了6亿美元债券，15个国家的

220个投资者争相认购，最终万达集团获得了4.6倍的超额认购。

这是万达集团首次在境外发行美元债券，对于万达来说，这次的成功具有历史性的意义。而对于中国商业企业来说，万达集团发行美元债券的成功具有同样重要的意义，因为万达是首个成功进军国际债券市场的企业。

这是一次完美的成功，全球三大顶级评级机构都对万达做出了极高的评价，因为这些好评，投资者也对万达极度青睐，这不仅是万达对海外投资能力的一次完美展现，更是国际资本市场对万达的高度认可。万达未来的跨国发展战略已经取得了良好的开端，如今正在朝成熟的方向一路发展下去。

许多投资人已经看好了万达这棵"大树"，认为只要紧随万达的步伐，就一定能把握先机，获取高额回报。

从2012年正式进入跨国市场的那一刻起，万达就开始了国际万达的百年蓝图。在世界上的许多发达国家，都有万达布局的一个"点"，也只有像万达这样具有强大资金和实力的品牌企业，才能在世界商业领域一次次地站稳脚跟。

万达为全世界的商业企业呈现了一场完美的表演，可以说，这是一场可以用"神话"来形容的表现，王健林对万达的规划是：2020年海外集团收入占30%，进入世界五百强前一百位。到那时，万达就可以昂首挺胸向世界宣称，自己是一家真正的跨国性集团企业。

万达的每一次跨国并购，都会创造一次奇迹。如果万达的国际化发展是一盘棋，每进入一个领域，都是在棋盘上落下了一个棋子，通过这枚"棋子"，向整个世界展示万达的力量。

在商业地产领域如日中天的万达，如今已成为全球领先的不动产企业、中国最大的文化旅游企业、全球最大的电影院线运营商，也许有一天，万达会高居世界五百强企业的榜首，让整个世界对它刮目相看。

第七章
转型：锐变成就新生

1. 零售业永远不会被电子商务取代

2015年10月，在万达举办的商业年会上，三千家品牌成为本次商业年会的参展商，其中包括四百多家知名品牌，超过一万三千人参与了这次商会。

这是万达举办的第九次商业年会，与第一届商业年会相比，此次的参会总人数增长了近30倍。

将万达商会打造成全球著名的商业会议，是王健林在未来十年里的美好愿景，他也曾经立下豪言壮语："商业是能够长寿的，商业包括零售业，永远不可能被电子商务所取代。"

在互联网购物已经成为常态的今天，该有怎样的勇气才能说出这样一番铿锵有力的话语？如今，绝大部分消费者都曾有过网购的经历，更有相当一部分人是网购的忠实拥趸，然而王健林却依然对零售业抱有极大的信心，他的信心来自哪里？

万达的经营报告似乎就是零售业依然"不死"的最好例证，每一次商业年会，都是各行各业深入了解万达的一次机会。

如今，万达已成为全球最大的不动产企业，万达集团旗下的万达广场，更是中国最大的线下商业平台。在全国开业的135座万达广场，销售额已突破了 1500 亿元，客流量更是达到 20 亿人次。

按照王健林的预期，到 2020 年将会有整整五百家万达广场在全国各地正式开始营业，有上万家国内品牌进驻万达广场经营。可以说，在网络购物为线下购物带来巨大冲击的今天，是万达广场让线下商户们看到了活下去的希望，许多名气并不响亮的品牌也搭乘了万达这趟"顺风车"，越来越被消费者所熟知。

能够进驻万达广场，就代表着拥有了一次开拓市场的机会，十分有利于品牌的培养，而万达的经营状况是中国消费市场最有力的代表，几乎全世界的商场和购物中心都在时刻关注着万达的动向。

万达广场平均每天的客流量突破五百万人次，这与万达将主题店、餐饮行业、体验业态作为主要经营热点有关。在万达广场创办之初，王健林就已看出餐饮是中国消费者最愿意花钱的地方，事实证明，万达广场的餐饮店铺也成为吸引客流的内容。

消费者的消费需求似乎每天都在变化，但对餐饮的热情却依然不减，与此同时，体验式服务也越来越被重视。这是线下购物与线上购物相比最大的优势，如果有看得见、摸得到又可以体验的商品，想必许多人都愿意到线下来购买。

如今，儿童已渐渐成为消费主力群体之一。虽然儿童本身不具有购买力，但是他们的家长愿意在孩子身上进行任何投入。给孩子的东西永远都要最好的，无论是品牌还是质量，看得见、摸得到的商品对家长才更具诱惑力。

玩耍是孩子的天性，为孩子提供一个好玩又健康的地方，是万达正在努力做的事情，从万达的销售数据中可以看出，体验业态与儿童商业对顾客的吸引力正在与日剧增，几乎马上就要赶超曾经最具吸引力的服装和精品品类。

在万达广场的众多业态中，购物中心依然是绝对主力，购物中心的消费比例占到万达广场众多业态的60%，这绝对是一个不容小觑的数字。这个数字强有力地表明，零售业并没有被电子商务打败。

许多消费者在购买服装时，已渐渐将消费重心转移到了网络购物，但这并不代表服装零售业已经彻底没有了市场。万达的经营报告显示，万达的服装类合作品牌超过了一千个，总共占据五千个店铺的位置，并且在销售数据中，服装类占据12%的比例，仅次于餐饮类店铺。

销售数据显示，"民以食为天"的经营策略是正确的。与万达合作的餐饮品牌已经超过2000个，占据了4000个店铺，15%的销售额更是令人对王健林的经营策略信服。

王健林认为，只有消费者喜欢的，才是万达应该引进的。在选择餐饮品牌合作商时，王健林不看品牌的大小，只看在当地百姓中的受欢迎程度。只有排在前三十强的餐饮品牌，才能获得进驻万达的机会。

万达的消费主力群体是年轻人，洋快餐自然是大多数年轻人喜爱的食物，因此在每个城市的万达广场里，都少不了洋快餐店铺的身影。

与其他购物中心相比，万达还有另一个优势，那就是万达广场的消费者大多都是注重生活品质的人，这就决定了万达广场中的生活精品类商品拥有极大的生存空间。万达广场2015年的销售数据显示，与万达广场合作的1000个精品商家，4000多个店铺的销售额占到10%的份额，与 2014 年相比，其增长额度更是达到 58% 的惊人数字。

虽然中高端商品的销售额与中低端商品相比，不具有优势，但珠宝和钻石类商品的销售能力却在迅速提升。这证明，在某些品类当中，消费者更喜欢在线下购买，例如家具和珠宝，只有看到、摸到真实的商品，得到商家有关售后服务的保证，消费者才能放心购买。

与儿童相关的业态更不必说，与万达合作的 400 多个与儿童相关的品牌，销售额度占到 3%，虽然这个比例看似不起眼，但是与上一年度相比，增幅却达到 88%，在万达的五大品类当中，儿童业态的增长幅度是最大的。

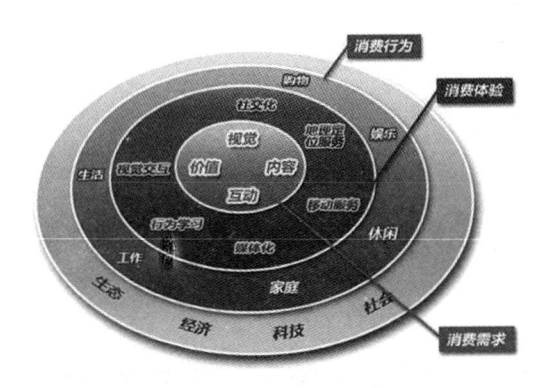

消费需求、消费体验、消费行为示意图

一个个喜人的销售数据，时刻都在证明着王健林的话似乎将成为又一个"真理"。王健林曾说："虽然做商业是很辛苦的，赚的利润就像刀片一样薄，但它有一个好处，就是人们是不断消费的。"也正因如此，王健林才对包括零售业在内的商业市场充满了信心。

在王健林看来，零售业是否做得成功，要看是否真正动了脑筋。

互联网并不是零售商业的死敌，只要能将现今的科技与互联网技术良好地运用起来，就能激发商业本身具备的长寿基因。王健林相信，在电子商务日益强大起来的今天，依然会有许多长寿的商业企业诞生。

王健林对零售业的信心还来自万达从重资产到轻资产的转化。从2016年开始，万达的轻资产模式正式形成规模。在当年预计开业的50多个万达广场中，有超过20个都是轻资产项目，而在2017年预计开业的65个万达广场中，轻资产项目占据的比重将会更大。

商业模式的转变，实质是经营思维的转变。王健林曾说创业最重要的是创新，经营模式的转变就是创新经营的一种。只要是人口超过四十万的地方，轻资产模式就有生存的空间。

王健林曾对"轻资产化"这个概念做过详细解读，那就是万达将从商业地产企业逐渐转型为一家商业投资服务企业，只有做到这样，才真正实现了轻资产化。

如今，万达的房地产业务收入已越来越弱化，租赁收入渐渐占据主力。按照王健林对万达未来的规划，在以后的日子里，租赁收入将占据万达商业净利润的三分之二以上，而万达在经营中需要承担的风险与责任却会越来越小，这是任何一个商家都十分愿意看到的事情。

万达商业的收入每年都在增长，这也给了那些坚持认为电子商务会打败零售业的人一记响亮的耳光。在万达的商业领域里，租金收入在总利润中的比重越来越大，甚至很快就可能突破50%的大关，这就说明，万达有一半的收入都来自物业租赁，而物业租赁最大的业主就是从事零售行业的商家和餐饮店铺。

万达原本预计到 2020 年，万达广场的总数将达到 240 个左右，可如今，这个预计的数字竟然出现了几乎成倍的增长，达到了 500 个左右。王健林预计，到那个时候，万达商业地产股份有限公司很可能要将"地产"两个字去掉，从房地产企业正式转型为商业地产企业，名称也会改变成"万达商业投资公司"或"万达商业投资管理公司"。

为了做好轻资产，万达花费了整整一年的时间，建成四个版本的轻资产成本标准，因为在轻资产标准模块中，成本和租金都是重要的考核数据，这两方面必须加以重视。

作为一家跨国性集团企业，任何一个环节都必须靠标准模块来把控。除了成本标准与租金标准，万达还专门设计了工程管理标准模块，即根据不同地区、不同的建筑合作商，分别制定不同的工程造价标准。万达将按照这个标准支付施工费用，而施工单位也会按照这个标准来建造。在工程建设方面，万达需要做的工作将会被简化，只需要监督工程质量，其他的工作都交给专门的公司去负责。这与从前的工程管理方式极为不同。

身为一家成熟的商业地产企业，万达却从未停止对全新发展模式的探索。在别人看来，电子商务与零售业是死对头，而在王健林看来，只要利用得当，电子商务将成为零售商业的左膀右臂。

飞凡电商是与万达集团展开合作的第一家与以电子商业模式为主的公司。飞凡电商的定位是"实体商业＋互联网"的开放性电子商务平台，它不止为万达广场服务，同时也面向社会服务。也就是说，飞凡电商既是万达用来为万达广场提供帮助的助力公司，也是一家对外运营的实体公司。

如今电子商务企业如雨后春笋般建立了起来，似乎每一家企业都想从电子商务这块市场上分一杯羹，于是万达旗下的飞凡电商究竟拥有什么别人不具备的优势，就成了人们最关注的事情。

其实，万达集团的优势就等同于飞凡电商的优势。万达最大的优势就是懂得实体店的经营，这是那些单纯做电子商务的企业所不具备的。

自从腾讯旗下的手机微信软件诞生以后，许多商家都注册了微信公众号。严格来讲微信算不上电子商务的一种方式，但却为线上与线下销售同时起到了宣传作用。万达的微信服务号主要帮助顾客了解万达广场各家商铺的最新动态，从而能够根据自己的需求，选定对自己最具吸引力的品牌和店铺，也能将自己的需求和意见通过微信公众号反馈给万达，万达则可以根据顾客反馈回来的意见，进行市场营销策略的制定，甚至决定是否会与某家店铺继续签约。

飞凡电商最主要的作用，不仅是为万达广场实现了全网络wifi覆盖，还可以提供数据服务平台，提高购物中心和品牌商对会员的服务水平，让万达广场的营销与经营更加有针对性，帮助万达更加高效和准确地制定决策。

万达的每一次全新举动，都在向世人证明，零售业并没有被电子商务打败。2015年，万达在商业年会上第一次启动了"全球招商平台"，并且希望将其打造成社会化、开放式的专业招商平台，专门为购物中心服务。

招商问题是许多购物中心最头疼的问题，但这个招商平台就能轻而易举地解决这个困扰，将海内外的招商资源在线上线下快速融合，让商家与购物中心在最短的时间内完成有效对接。

许多购物中心门庭冷落，顾客寥寥无几，让人感觉到零售行业在电子商务的冲击下已陷入寒冬。其实，很多人并没有意识到，顾客不喜欢走进这些购物中心，是因为里面的大部分品牌和商品都无法吸引他们的眼球。

而有了"全球招商平台"的万达广场，可以让想跟万达合作的商业品牌直接在万达的招商网上登记注册，只有通过万达非常严格的评审系统，万达才会派出团队去现场考察，确定这一品牌是否有资格进入万达。

其实，早在2014年王健林就已经在工作会议报告中提出，万达集团将启动电商计划，首期的投资额就达到50亿元。

如果运营得当，电子商务不仅不会打败零售业，甚至还能成为帮助零售业提高销售额的有力工具。万达采用的电子商务模式，是与中国最大的几家电商成立万达电商，让那几家电商公司成为万达电商的股东，持有所有网上资源。在当时，王健林就立下了雄心壮志：让万达电商在三年之内实现盈利。

没有人能判定万达朝电子商务方向转型是否能成功，但可以肯定的是，万达的一切行动都是为了零售业能更好地经营下去。

有人说，像苏宁电器和国美电器这样的企业，进军电子商务后都不敢承认获得了成功，尤其是国美电器很快就将重心重新转移到实体门店的经营上,王健林用 50 亿在电子商务领域"试水",会不会是一个让钱"打水漂"的举动?

也有人说,万达朝电子商务的方向发展,就是因为看到了零售业黑暗的未来,想通过电子商务为自己找到一条光明的生路。

但王健林却认为,即便首期投入的 50 亿元最终血本无归,也不过是万达勇敢地完成了一次"试错"的过程。只有尝试过,才知道是否能够成功,而一旦成功,万达就在保证零售业稳定发展的同时,找到另一个全新的商业领域,即便最终失败,也不过就像走错了一条路,及时掉头,为时不晚。

2. 不为了转型而转型

转型已经成为一个热门的词汇，无论是国家的产业结构还是企业的产业结构，都在面临调整的阶段。如果一定要探求企业转型的意义，那么就是为了追求长期稳定的现金流，让企业在十年、二十年之后依然能成功地生存下去。

众所周知，万达的每一次转型，都找到了正确的方向，而只有战略方向正确，转型的道路才会走得顺畅。

王健林早已为万达的未来十年制定好了转型战略方向，总结起来就是围绕四个支柱产业进行发展，也就是万达商业、文化集团、金融板块和电子商务。

几年前，万达就提出了"2211战略"的转型目标，其中的一条，就是来自房地产类的收入降到30%以内，王健林曾说，希望万达不再是一个地产企业，甚至希望在三到五年之内把"地产"两个字去掉，变成商业发展公司或者商业服务公司。

如今，万达文化集团已经包括文化、体育、旅游多个项目在内，万达旗下的四个控股公司——影视控股、体育控股、旅游控股和儿童娱乐都是万达文化集团的下属产业。

王健林已经为万达金融集团布置好了一个战局，其中包括银行、保险、证券、支付公司、资产管理等方面，万达金融集团的目标，就是建成一个有别于传统的金融集团。

而万达的电子商务，并不是一般电子商务网站以网上买卖物品为主要经营方式，之所以叫电子商务，就是为了让人们更加方便记忆，能够一口气就说出来。从人类的语言习惯上分析，能让人很方便快捷地说出来的词汇，一般不会超过三个音节。万达曾经想过为这部分业务取名"电子信息增值服务"等名称，可太长的名字总是让人记不住，不如"万达电商"朗朗上口。

其实，在取名字时，王健林参照了韩国的一个案例。韩国的一家公司曾经取名"乐喜金星"，在韩国，足球与棒球是最受欢迎的项目，乐喜金星公司也有自己的足球队和棒球队。但是在比赛的时候，公司发现了一个问题，从来没有任何一名观众喊"乐喜金星加油"，因为这个名字实在是太长了。

这引起了公司的重视，如果连看球的观众都不愿意喊出公司的名字，那么在市场上人们也不会轻易记住这个名字。为了公司的发展，公司的管理者决定改名，他们花了5个亿请来了美国著名的营销公司，就是为了改一个朗朗上口的企业名称，而乐喜金星最终的名字就是如今大名鼎鼎的"LG"。

转型是一把双刃剑，如果像LG一样做得好，就会受到全世界的认可，可如果战略制定得不得当或是执行不到位，企业就会在转型的过程中渐渐衰败，甚至死亡。

这就又涉及到了执行力的问题，万达从上到下优秀的执行力，成为了万达在每一次转型过程中的坚实助力。王健林将自己说一不二的军人作风也带到公司转型的事业上，说到做到，绝不拖拉。

不过，一个大型集团企业想要转型，并不是一朝一夕的事情，更不是管理者一拍脑门，决定明天就开始转型。万达为了转型，制定了一系列保证转型的制度和措施，在执行时态度十分坚决，不仅涉及到奖惩制度，甚至还关系到相关干部的任免。

万达从创办到如今的二十几年间，始终保持着出色的执行力，这一次，为了让万达去掉地产化，彻底转变为商业形式，万达也做了许多努力。

首先就是将已经拿到地皮并且将在2017年以后开业的重资产项目转让出去，这意味着万达将在这一次转型过程中丢掉相当一部分的利润，资产也不会继续增值。这需要极大的魄力与"割肉"的勇气，王健林痛下决心，为了未来的发展，将现有的一切该舍弃就舍弃掉。

只有舍小利，才能换来大益，与万达未来的发展相比，眼前的利润和资产增值只不过是很小的一部分，将这一部分舍弃掉，集中人力资源和资金去做轻资产项目，可以换来更大的好处。

万达的轻资产模式主要包括两种形式：一种叫直投，就是万达负责设计、建造、管理、招商，投资企业出资金，建成之后万达可以分到30%的租金；另一种则是众筹，中国现在有许多过剩资金依然在寻找出路，众筹的方式就是将这些分散的资金集中起来，一千元起，购买万达发起的众筹项目，而万达则保证购买项目的人可以获得稳健、高额的收益。

王健林曾说:"万达既然决定转型,就不怕打破坛坛罐罐。"万达的确是这样做的,为了追求商业租金的提升,宁可不要开发的利润,把能赚钱的项目都打包转让给别人。而万达未来即将主打的轻资产模式,投入的精力与承担的风险都要小许多,正因为这一模式的转变,只要是人口数量足够多的地方,万达就会考虑进入,而不用顾虑这个地方究竟是一线城市还是普通的地级市。

在以前,因为地级市的房屋售价不够高,所以万达不敢到地级市、县城这样的地方去开发,就是担心收不回成本。而一旦转变为轻资产模式,万达则不再担心成本,只要当地的人口超过四十万,就有足够的发展空间。

企业转型的意义是获取更高的利润、更长久稳定的发展,而不是单纯为了在转型之后拥有一个好听的名字,更不是为了与其他企业进行一些没有任何意义的比较。

就像王健林说的:"不要为了转型而转型,要结合自身优势。"

有的公司为了让股价上涨,会为公司取一个新潮的网络名字,这不过是只图一时之快,暂时让股票的市值得到了提升,购买股票的股民也是一时兴起,图个新鲜。一旦这个网络名字不再被人津津乐道,人们也许就会彻底忘记这家公司的存在。

想要让人记住,单靠吸引眼球的名字远远不够。也有的企业追求热门的行业,哪个行业火爆就一头扎进哪个行业,完全不看自己的公司基础、人才结构、创新能力等各方面是否能够支撑起这个全新的行业。

人贵在有自知之明，企业也是一样，贵在懂得利用自身优势。万达的最大优势就是线下资源，拥有全世界最大的线下消费平台，因此万达也将这一优势运用在了转型当中。

万达电子商务公司不止管理万达自己的商业中心，也开始对外面的大型商业公司提供技术与投资支持，对其进行信息化和网络化的改造。在转型过程中，万达还更加充分地将自己的线下优势发挥了出来，并且同时将最新的科技和未来的趋势一同结合在里面。

2014年，万达在商业地产方面的净利润是248亿，而万达文化产业中的万达院线净利润只有8亿。但是到了2015年上半年，同比增长竟然达到了百分之几十的高比例，市值超过一千亿，价值也超过商业地产一半以上。

看企业的发展，不是光看眼前的数字，而是看它未来的增长空间。与万达商业地产相比，万达院线的净利润还只是一个尾数，可是却有着十分广阔的未来。在资本市场中，消费者的喜好就是未来，如果万达院线的净利润可以达到四十几亿，它的市值也许就是万达地产的好几倍。

这也是万达为什么要向文化产业和体育产业转型的原因。在王健林为万达制定的规划里，到了2020年，至少要有500个店，500个万达广场，以及电影院线、儿童娱乐等文化产业，结合万达自身的优势，就可以得到快速发展。

当初从事旅游行业，许多人都说这是一个盲目的决定，甚至许多万达内部员工也不能完全理解。但是王健林清楚，万达从事的旅游行业是结合万达自身的优势来进行的。如今，已经有三家万达文化旅游城正式开业，并且这个品牌已经传到欧洲，比利时国王和王后也来到武汉万达文化旅游城观看汉秀表演。

在未来的几年里，王健林打算将万达旅游打造成世界最大的旅游公司，这也就意味着超越迪斯尼在旅游领域的地位，超过迪斯尼每年1.3亿的入园人次，达到2亿人次。

以中国的人口数量来说，万达的目标并不难实现，旅游本就是一种重复性的消费，并且万达还打算通过并购大型旅游网站的方式，将旅游也进行线上与线下的结合。在王健林的思维里，没有热门的行业，只有有发展前景的行业，因此万达永远都是结合自身的优势，从不进行盲目的转型。

3. 与马云对赌一个亿

2012年12月12日，在第十三届中国经济年度人物颁奖现场上，王健林与马云的一番精彩辩论，撩拨起所有关注万达与阿里巴巴的群体的兴奋神经。王健林与马云设下了一场可以称之为"豪赌"的赌局，王健林说："电商再厉害，但像洗澡、捏脚、掏耳朵这些业务，电商是取代不了的。我跟马云先生赌一把：2022年，也就是10年后，如果电商在中国零售市场占50%，我给他一个亿，如果没到，他还我一个亿。"

一个亿的赌局，瞬间让所有人将关注的视线投在了王健林和马云的身上。随后，王健林与马云展开了一场激烈的辩论，马云认为电子商务一定能获得最终的胜利，他认为："电商不想取代谁、摧毁谁，而是要建立透明、开放、公平、公正的商业环境。"王健林则认为，所有新型的商业模式都会对传统商业模式形成冲击，但是传统商业已经存在了两千多年，这说明它有极强的生命力。不过，王健林也表示："我一定要坚守传统产业，但是在传统产业的基础上也要尽可能去创新，包括向马云学习。"

在2013年央视二套的《对话》栏目中，马云表示："我不跟任何人打没有把握的赌。这个是因为你不懂才会赌，赌了一个亿，所以50%

这个赌王健林还是不赌为好。电子商务绝对不是一种生意模式，它是一种生活方式的变革。"

这一番话再次将那场亿元赌局变成人们关注的焦点，当时王健林说："电商是一种新模式确实非常厉害，特别是马云做了以后，大家记住中国电商只有马云一家在盈利，而且占了95%以上的份额，他很厉害。但是我不认为电商出来，传统零售渠道就一定会死。"

其实，对于这场"豪赌"，马云一直有必胜的信心。不过，在他看来，一个企业打败另一个企业，并不是一件有意义的事情，就像一头公羊打败了另一头公羊，在狼看来，不过是一场笑话而已。

不过，王健林设立亿元赌局也并非没有道理。电子商务主要以线上交易为主，马云曾说，线上交易"只用一台电脑就够了"，然而事实证明并非如此，比如著名的亚马逊网站，从王健林与马云做出亿元赌局的那一年，也就是2012年向前推五年，这五年的时间里，亚马逊的利润率是22%左右，而著名的线下超市沃尔玛的利润率则是24%，显然要比亚马逊高出一些。

人们普遍认为的线上成本比线下成本低，其实是一个误区。有人曾经做过这样一个假设：有两家百货商店，一个是线下实体店，一个是线上电子商务。实体店需要承担店租和售货员的工资等费用，销售的方式是顾客上门购买；电子商务则不需要承担这些费用，销售的方式是送货上门。

这样看来，电子商务似乎在成本上更占优势，可是如果细化起来，却并非如此。

假设两家百货商店每年的订单量都是1000万单，每单金额100元，总共10亿元。

实体店每年的租金、人工、水电费假设是销售额的10%，也就是1亿，毛利率是20%，也就是2亿，净利润是10%，也就是1亿。

而电子商务没有租金和水电费成本，人工成本也很小，但是除此之外，它还有一个巨大的成本支出，那就是送货费用。因为无论金额多少，电子商务都是免费送货上门，假设每单快递费用10元，1000万单订单的成本就是1亿。毛利率与净利润与实体店也没有任何区别。而且，电子商务还有一个比较头疼的问题，那就是运送大件商品、比较重的商品以及生鲜商品，这几种商品就决定了送货费用很难降低。

虽然这个例子的科学性有待考证，但是至少可以说明，电子商务的成本绝不止是"一台电脑"而已。

人们之所以觉得网上购物比在实体店购物便宜，是因为网店大多都是由经销商直接开店，省略了许多中间环节，也减少了分享利润的环节，省下的这部分钱就回馈给买家。其实，这样的销售方式，线下百货公司也可以做到，省略经销商环节，直接向商品的生产公司拿货，这样不仅可以降低单价，还可以提升利润。一旦线下百货公司采取这样的销售方式，未来谁胜谁负还不可预知。

如今的电子商务在纳税方面与线下实体店采取不同的制度，如果有朝一日，线上与线下的纳税制度实行了统一，那么电子商务的成本应该就会上一个台阶。

人们忙着为王健林与马云之间的赌局津津乐道，而两名当事者却不过是将这场赌局当做一句玩笑话。尤其是王健林，设下"赌局"之后不久，就紧锣密鼓地开始筹备向电子商务行业进军。

据说，王健林为了大力构建电子商务团队，为电子商务公司的CEO开出了200万元年薪，也有人说，王健林曾对外宣称："除了马云和刘强东，其余人都能挖得动。"不过，王健林却否认自己说过这样的话，任何行业招聘优秀的管理岗位都不是件容易的事，万达电子商务团队在招聘过程中也难得能遇上一个优秀的人才。

其实，马云的阿里巴巴公司在王健林心目中一直有着极高的地位，王健林曾说，中国有4800家电子商务公司，其中4799家都在亏钱，包括京东，只有一家电子商务公司在挣钱，就是马云的阿里巴巴，所以电商很难说他们的模式先进。

可见，电子商务如今还称不上一个百分之百成功的行业，因此王健林在决定让万达涉足电子商务行业时，也做了充分的打算，并且一定要做出一种与淘宝和京东截然不同的电子商务模式，这一模式就是线上和线下互动的O2O模式。

王健林对这一模式有着极大的信心，通过线上与线下相结合，促进万达广场的便利性消费。他还是那个永远不愿和别人走同样道路的企业管理者，如果模式与其他人的一模一样，他宁愿不做。

有人预测，电子商务行业的冬天很快就会到来，因为网上购物虽然火爆，可是整个行业却并没有真正实现盈利。有人甚至质疑万达，一家从来没有经营过电子商务的公司，根本不具备电商基因。可王健林反驳道："企业没有什么基因不基因，就像我原来没有做过商业地产一样，虽然以前我没有做过文化，也没有做过旅游，我现在还不是在做吗？"

王健林与马云的这场赌约，是两种不同经营思维的体现，更是两种不同的商业模式在进行较量。王健林说："所有的新方式都是对传统方式的促进，但并不意味着新的方式出现，所有的传统产业都要消失。电商发展很快，但是别忘了传统零售也在做大蛋糕。这不是切蛋糕的思维，你切掉别人就没有了。从消费者的角度，网购的人也经常去逛商场。电商和传统零售并不是非此即彼，任何一个新的模式都不可能完全灭掉以前的经营模式，我们都会赢。"

万达涉足电子商务行业，是因为任何一个企业都在面临电子商务的冲击，为了不顺流而下，只能逆流而上，跟上电子商务的潮流。

从2013年9月开始，万达电商首次亮相。短短三个月后，万汇网和APP正式上线，到了12月末，六家万达广场成为电商试点，而这个数字很快就扩大了，到了2014年3月，万达电商业务已经进入20座万达广场，涵盖全国11座城市，而这个数字还仅仅是个开始。

就连马云也曾承认，电子商务行业不可能彻底取代零售业，不过也有人认为，马云会成为这场赌约的最终胜利者。因为截至目前，网上交易还没有纳税制度，至少在纳税制度出现之前，网络上的商品比线下实体店的商品拥有价格优势。

无论别人怎样认为，电子商务与线下实体店都将会按照不同的方式继续发展下去。电子商务的出现是对传统消费模式的一次革命，但并不意味着在这一场"革命"中，传统消费模式就会彻底消失，希望这场赌约的最终结果是电子商务与线下实体获得双赢。

4. 根本不存在互联网思维

所谓互联网思维，就是在（移动）互联网＋、大数据、云计算等科技不断发展的背景下，对市场、用户、产品、企业价值链乃至对整个商业生态进行重新审视的思考方式。

百度公司创始人李彦宏是"互联网思维"这一概念的最早提出者，他认为，企业家们无论是否从事互联网行业，都要从互联网的角度去想问题，他的这一理论已被越来越多的企业家甚至各行各业所认可。

然而，作为万达集团的创始人与董事长，王健林却认为根本不存在互联网思维，更不能神话互联网。

自从互联网思维这一词汇出现的那一刻起，王健林就对此进行过批判，他认为互联网只是一个工具，不能形成一种思维。如果大家都能回忆起互联网在 2000 年经历的那一次泡沫破裂，也许人们在对待像"互联网思维"这样的词汇时，就会变得冷静和理智一些。

王健林在一次演讲中曾经将许小年教授的一篇文章当做反驳互联网思维的例子，文章大致意思是："出现了蒸汽机，能说蒸汽机思维吗？出现了电报，能说电报思维吗？所有新的科技工具只是一种比较先进的工具而已，运用工具叠加到实业当中能产生巨大的价值，但是不能说这个工具叫互联网思维。"王健林甚至认为，叫"创新思维"也比叫"互联网思维"更加合理。

互联网的确是一个伟大的发明，电子商务更是基于互联网的基础上衍生出的一种新型购物模式，这些都与科技有关，王健林认为，科技固然伟大，但是也不能成为"唯科技主义者"。

"唯科技主义者"是一种极端，"互联网恐惧者"则是另一个极端，其实，互联网并不是一个可怕的东西，万达成立电子商务公司，就是因为不畏惧互联网，摸索着前进，不害怕失败，就算失败，也可以从头再来。

从古到今，商场就像战场，在战场上，没有单枪匹马的胜利，只有整个队伍进行战略和战术上的配合才能赢得战争。企业经营也是一样，无论是互联网还是实体，单打独斗已经不再有优势，最有前途的经营方式，就是"互联网 + 实业"。

如今的中国，有许多优秀的电子商务巨头，不过，王健林认为，如果这几家巨头永远按照线上的模式运营下去，二十年或三十年之后，这家公司是否还会存在，是一件值得担忧的事情。所以，王健林非常认可一个全新口号的"互联网 +"，将互联网当做一种工具，"+"到任何行业上去，可以是"互联网 + 经济"，还可以是"互联网 + 实业"。

在万达内部，一致认为"互联网 +"是一个非常有前途的概念，因此万达成立的电子商务公司绝不仅仅是最简单的买卖商品关系。

有时候，王健林甚至在努力避免"互联网"这一字眼出现在与万达有关的任何项目或业务上。万达拥有自己的金融集团，在取名字时，有人提议取名为"互联网金融集团"，可王健林认为，知道自己做的事情是"互联网+"就可以了，没有必要把互联网三个字明晃晃地摆在表面上，因此就从名称中去掉了这三个字。

万达电子商务公司成都大数据公司主要负责"互联网+兼容"业务，只要成为会员，绑定自己的手机号码，就可以通过快钱支付系统形成一个数据中心。目前万达共有十几万个商户，按照王健林的计划，到了2020年，万达的商户可以达到五十万个以上。

开发云POS，也是万达电子商务的主营业务之一。万达的任何一家商户都可以通过POS收款机刷卡付款，而万达电子商务公司研发的云POS则可以通过刷脸、手机、中老年卡等方式进行支付。这款云POS研发成功之后，很快就会在万达进行推广，而且万达并购的银行还可以通过收款期中的信息考虑是否为商户发放贷款。

云POS的主要功能之一，就是收集整理在万达经营系统中经营的商铺信息。只要经营时间达到一年以上，这家商铺的现金流就能被万达掌握，也可以根据这个现金流推算出成本，按照这些数据计算可以提供的信贷额度，如果这家商铺需要万达提供贷款，只要在这个信贷范围之内，一秒钟就可以放款。

同样，通过云POS也可以进行还款，系统会根据贷款的总额与总期限进行平均划分，每次都划走固定的金额算作还款，操作便捷，安全也有保证，而且因为所有的现金流都在云POS里，万达也不用担心还不上款的事情出现。

关于互联网思维这一概念，京东集团董事长刘强东也表示过与王健林类似的看法，他认为："根本不存在什么互联网思维，或者互联网文化。"他甚至在京东内部的早会上特意强调："千万别叫互联网思维，因为可能会走火入魔。"

在从事互联网行业的十几年间，刘强东从未觉得互联网有一个特殊的思维，任何一家成功的互联网企业都没有脱离商业最基本的本质。他甚至认为京东属于双重业务，依然属于零售的一种，并不是像一般的电子商务企业一样拼用户体验，而是在此基础上更提倡效率。因此，刘强东才说出这样一番话："到今天为止，一两千年前中国建立的99%的文化都依然适用于今天的发展，适用于互联网时代。在我看来，根本不存在什么互联网思维，或者互联网文化。"

其实，完全可以把京东看做一家互联网公司。不过，与强大的阿里巴巴相比，京东却更加注重顾客的实际需求，自建物流，做供应链服务，也凭借这两点实现了更好的客户体验，与阿里巴巴一同成为并驾齐驱的两大电子商务巨头企业。

如果只靠互联网思维，京东也许在阿里巴巴面前并不具备优势。无论顾客以哪种方式购物，总要将物品从销售地点搬到自己家中，只有真正解决了顾客的实际需求，才能为企业找到一条真正的出路。

无独有偶，华为技术有限公司创始人、总裁任正非也在内部讲话中告诫华为员工不要盲目信奉互联网思维。任正非说："尽管互联网以及物联网正在渗透到社会生产和生活的方方面面，然而也应当看到，互联网虽然促进了信息的生产、交流、获取和共享，但没有改变事物的本质，即使在互联网时代，车子还是车子，内容还是内容，豆腐还是豆腐。"

华为旗下的互联网品牌荣耀的成功，并不是建立在互联网思维的基础上，而是靠华为多年来在技术研发上的经验和实力，在供应链管理、质量控制等方面的能力。

其实，互联网思维这一概念，不过是将互联网这种技术的传统做法进行了加速和升级，它改变的只是传播速度，并没改变传播的本质。万科集团副总裁毛大庆也曾说："光靠互联网思维是盖不起房子的。"

如果将互联网思维这一概念神化，不去注重企业传统的积淀，最终只能落得个不伦不类的下场，就像任何人和事，一旦炒作过了头，不仅不会获得认可，反而会遭到厌恶。

同样，在王健林看来，互联网只有作为工具，与实业叠加起来，才能产生巨大的价值，才会拥有广阔的前途。

万达从一开始就是靠实业起家，与那些从一出生起就在以线上经营模式生存的企业截然不同。与它们相比，万达在对互联网工具的运用以及互联网的思想上的确有一些劣势，但却不代表万达比这样的公司差。因为万达拥有庞大的线下资源，拥有全世界最大的线下消费平台，这令许多线上企业望尘莫及。

王健林说："我要求万达的所有员工，特别是高管，要勇敢拥抱互联网，在万达内部推互联网指数的评比，通过这些在企业转型中全力推动所有人都会运用互联网工具。"

互联网与实业之间，排名不分先后，只要二者能完美地融合在一起，就是一个有机的整体。可惜，直到如今，中国也没有出现一个将互联网和实业完美结合的企业，谁能将 O2O 的商业模式做得足够大，谁就能成为这个模式中的真正强者，也是为"互联网 + 实业"的模式做出一份巨大贡献。

第八章
顺势：布局决定结局

1. 文化产业

万达的文化产业，正式开始是在 2006 年，到如今已经涉及文化旅游、电影产业、舞台演绎、电影娱乐科技、主题公园、连锁儿童娱乐、连锁量贩式 KTV、报刊、艺术收藏等多个领域。2012 年，万达在北京注册成立文化产业集团，在成立的当年，收入就已经超过百亿元。

如果说万达成立影视院线是被"逼上梁山"，那么成立文化产业集团则是为了转型升级的需要。

确立核心竞争优势、获得更大的利润，是每一个企业的最终目标。当初，在住宅房地产领域，万达一年的收入可以占据大连市房地产销售额的四分之一，为了追求稳定的现金流，万达又开始从事商业地产，并且一做起来就再也没有遇到对手。"无心插柳"地自主经营影视院线以后，又成为了世界第一；自涉足大规模文化旅游项目开始，也一直没有遇到模仿者和竞争者。

王健林曾经说过一句话："绝大多数行业都有天花板，唯独文化产业是没有天花板的行业。"

这句话中饱含着两层意思，首先就是品牌影响是没有天花板的。一部好的影视作品，不仅可能影响到一批观众、一代人，甚至有可能在未来的某些方面带来革命性影响。就像《阿凡达》成功之后，带动了 IMAX 电影技术的推广，几乎也改变了 IMAX 电影技术的命运。

另一层含义自然与利润有关，利润永远没有天花板，万达电影院线的税后利润率可以达到百分之十几，这是一个可观的数字，并且将长时间地保持下去。

创新，是永远被王健林挂在嘴边、刻在脑海中的字眼。无论从事任何行业，创新都是必不可少的，万达的文化产业，不仅要从科技方面创新，更要从形式上面创新。有时候，新鲜的事物反而可以规避不必要的风险。

就像最初开始从事影视院线事业，王健林也没有想到会像现在这样成功。到如今，万达已经拥有了电影产业完整的产业链，涵盖从影视基地、制片、发行、放映到电影节等全部内容，就连好莱坞都没有做到像万达这样全面。可以说，万达的电影产业规模在全世界都是独一无二的。

懂得吸纳别人的成功经验，是万达的一大优势。好莱坞的电影产业模式好，万达就借鉴好莱坞的经验，从不签约导演，也不签约演员，按照电影产业的现代企业制度来运行，拍什么电影、请谁来拍，都由专门负责决策的班子来定。

从影视院线产业，万达又延伸出电影娱乐科技产业，已经在武汉开业的电影科技乐园是全球唯一的综合性电影娱乐科技项目，并且运用了 3D 电影技术，观众在观看电影时，自己仿佛也可以融入到情节当中，与电影进行互动。

万达曾经制定了三条主线，也有人将其称为"三驾马车"，分别是文化、旅游和零售。如今，万达的文化产业已经得到了明显的提升，文化与旅游产业的发展已经成为万达的投资重点，这也是万达全新的文化产业布局。

许多迹象表明，万达已经渐渐将文化旅游作为主要业务，而实际上，这也是一种商业地产向文化地产的演化和嬗变。

2012年以后，万达在文化地产领域将投资建立文化旅游园区当做一项主要业务，例如吉林长白山和云南西双版纳旅游园区的诞生。2013年9月，万达在山东青岛投资了青岛东方影都影视产业园区，这是王健林提到过的"万达文化产业发展的重大战略"，也是落实国家文化强国方针的重大举措，是万达文化产业发展的重大战略，也是打造中国文化世界品牌的重大努力。

青岛东方影都影视产业园区的成立，标志着万达的文化产业已经发生了质的变化，也就是脱颖而出的文化元素和内涵，在未来，这很可能成为万达发展的一个重要方向。

如果用一句话来形容万达的文化产业态势，那就是"横向布局落地，纵向布局出手"。从2012年开始，万达已经成为全国最大的文化企业。万达曾经预测，到了2016年，在文化产业上的收入将突破四百亿，跻身全球文化产业企业前20名。

这是万达在文化产业方面的雄心，就在万达文化产业集团公司成立的最初，王健林就曾经说过："万达集团决心在做大做强实业、十年内成为全球一流跨国企业的同时，把文化产业作为集团支柱产业重点发展。"

万达在青岛影视园的项目上增添了更多的文化色彩，其中最引人瞩目的是青岛影视园盛大的开幕仪式，妮可·基德曼、莱昂纳多等好莱坞巨星，以及众多港台、内地明星悉数出席，美国索尼影业、华纳兄弟、环球影业、派拉蒙等国际知名演艺公司也对这一项目表示出大力支持。

这似乎可以看出万达即将进军影视产业链影视制作和拍摄的决心，王健林曾经提出："青岛影视园是世界上唯一具有影视拍摄、影视制作、影视会展、影视旅游综合功能的特大型影视产业项目"，不难看出，万达文化产业的发展将会从终端向上游迈进，万达的整个影视产业链也会发展得更加完善。

凭借多年在商业、文化、旅游产业中积累的丰富经验，万达用自己的创新思维成立了世界首个特大型文化旅游商业综合项目。万达的创意在世界上都是独一无二的，文化旅游城项目设计团队中的每一个人都堪称大师级的人物。

目前已经建设完成的，有长白山国际旅游度假区、武汉中央文化区、西双版纳国际度假区，接下来每年都将会有两个以上的文化旅游项目正式开业，地点覆盖武汉、长白山、哈尔滨、青岛、南昌、合肥、无锡、桂林等多国内多个省市地区。

除此之外，万达的文化旅游项目还包括大型万达 Mall、大型室外主题公园、酒店群、大型舞台秀、酒吧街等内容。

其中最值得一提的就是万达的舞台演艺部分，其中包括舞台节目、水中节目、物态变化、高科技等元素，它不是一个传统的舞台戏剧，而是达到世界级的水平，甚至可以把世界舞台节目的标准推向一个更新的高度。

有人说，万达在西双版纳建造的主题公园是在向迪斯尼主题公园"叫板"，也许这就是万达敢于挑战迪斯尼的野心，只能说，本土创造的主题乐园品牌一定更符合国情，更适合国人的审美标准。

近年来，万达先后在湖北武汉、吉林长白山、云南西双版纳建成了三个度假区。2016年5月，又在南昌建成了首个"万达城"项目——南昌文化旅游城。王健林还表示，尚有八个"万达城"项目正在建设当中。

万达计划在2020年之前，在中国建成十五个"万达城"，在海外也要建设三个，在王健林公开的一份时间表上显示，即将建成的"万达城"项目地点包括2016年9月的合肥、2017年的哈尔滨、2018年的青岛、广州以及2019年的无锡。王健林更是对外放出豪言壮语："等广州和无锡'万达城'项目开业的时候，我相信大家会明白中外旅游品牌究竟谁更胜一筹。"

在万达官方网站上的信息显示，截至2015年，万达旅游控股的收入已经达到127亿元，预计2020年旅游人次达到两亿，到时候万达也将成为全球最大的旅游企业。

王健林曾经公开"喊话"万达的旅游项目将超越迪斯尼，南昌的万达城主要以万达乐园、电影乐园、海洋乐园等游乐园为核心，并结合万达茂文旅商综合体以及星级酒店，打造一站式复合型旅游消费模式，将文化旅游、购物休闲、餐饮住宿等多个板块结合成一个整体。

如果说万达主题公园是为成年人提供的游乐场所，那么连锁儿童娱乐项目则是专属于孩子的乐园。其中包含儿童体验式互动游乐、儿童教育、零食、美食等方面，并且委托全球五家知名公司研发了86种儿童体验游乐产品，知识产权全部归万达所有。

这并不是一个让孩子以玩乐为目的的地方，在玩耍的同时，还能学到各种各样的知识与生活常识，比如消防车怎样救火，着火时如何灭火，这些都是在学校里学不到的东西。

不知是不是在部队的那段经历让王健林感受到了团队作战的力量，在万达的经营过程中，也不会走单兵作战的路线，而是打"组合拳"。有了万达"城市综合体"的成功，在后来的文化事业里，万达又把科技、文化、旅游、商业要素集合在一起，成立了一个"文旅商综合体"。

就像长白山国际度假区，其中包括亚洲最大的滑雪场、长达几十公里的雪道、三个世界顶级高尔夫球场、九家酒店、五千多个床位、餐饮、酒吧、电影院、KTV、舞台演绎、温泉，还有一条九百多米长的商业步行街。

万达的文化产业将高科技元素完美地结合了进来，预计在2017年上半年，万达在青岛会有一场"汽车极限秀"上演，这比传统的文化秀更多了惊险与刺激的感觉，是一场完全创新的高科技含量项目。

在这场极限秀中，各种电动汽车会上演现场版的"速度与激情"，甚至还会和舞台节目结合在一起。一般惊险刺激的秀都是以挑战人体极限为目的的，而万达的"汽车极限秀"则是一场对高科技的挑战，每一个惊险刺激的动作都由高科技元素来凸显。

归根结底，创新还要靠人才来体现。如果想要达到世界级的创新，就要网罗全球的优秀人才。哪怕是一场汉秀，万达也要请来世界顶级的建筑和舞台设备创意者马克·菲合尔，他曾经是北京奥运会、广州亚运会、伦敦奥运会开闭幕仪式的艺术导演。

光是在万达文化旅游规划院就有三百多名工作人员，其中一半都是外籍设计师，更有全球顶尖高手也包含其中。王健林知道，如果想要亲自培养出这样的顶级人才，不仅费力，更加费时，最便捷的方法就是高薪聘请，或者买断他们的知识产权。

虽然创意者需要在世界范围内聘请，但是中国的文化元素永远是万达文化旅游事业的主流因素。万达不仅在汉秀中突出中国元素，就连在各地成立的主题公园也一定要结合当地的特色，让游客感觉到，只有在这里，才能体会到这样的元素。

就像万达西双版纳主题公园，其中包括热带雨林、茶马古道、蝴蝶王国等极具地方特色的区域，这都是中国特有的文化，外国的游客想要体验，也只能到中国西双版纳才能感受得到。也只有这样，才能对世界各国的游客都更具吸引力。

美国迪斯尼有一场真人与3D技术相结合的表演，不过节目中需要的软件并不是迪斯尼自己的，而是与别人合作，再进行利润分成。万达不能接受这样的合作方式，这不仅会增加节目制作中的麻烦，更会让自己受到他人的牵制。

因此，万达的每一个文化项目都尽量由自己来设计和创造，如果实在做不了，再买断他人的知识产权。有时候，为了让规模得到更大发展，就必须付出必要的投入。也许万达的做法会花费更多的资金，但是在日后的运行过程中，则拥有了更多的自主空间。

关于文化产业的前景，万达有一个美好的预期，那就是成为世界一流的文化企业。王健林曾说："万达的目标是2020年收入达到800亿元，进入世界前十强。"

按照目前的情况看，这个目标似乎并不难实现。如今已经开业的文化项目已经全部实现了盈利，并且盈利的水平十分理想。

万达在武汉的汉秀自从开始公演，半年内的票就被一扫而光，观众之间会口口相传，说这的确是一场值得观看的精彩的秀，但是就算想看，也只能半年以后才能买到票。

就像王健林说的那样："万达就是要用实践告诉国人，不是美国公司就一定比中国公司强。"

也不是只有美国人才懂得抓住每一个时代消费的命脉，如今的人们越来越倾向于在文化领域消费，在其所从事的每一个行业都做出优异成绩的万达，同样也将自己的文化事业做到了极致。

2. 体育产业

2015年，万达集团牵头三家知名机构及盈方管理层，战胜来自全球的十一家竞争对手，以10.5亿欧元的价格并购了总部位于瑞士的盈方体育传媒集团100%的股权，其中由万达控股的达到68.2%。这也代表着万达已经正式开始进军体育产业。

其实，万达的体育事业从20世纪90年代初就已开始。在房地产不断取得成功之后，万达也在足球领域掀起了一个又一个话题。

王健林本身就是一个热爱体育运动的人，足球在大连的历史上占有举足轻重的分量，大连也是中国最早接触足球的城市之一。19世纪末期，旅顺是北洋水师的基地，因此英美教官就把现代足球带入了大连。

1984年，大连足球队成功实现了"冲甲"，成为中国足球甲级联赛的成员之一。足球是大连人最喜欢的一项运动，这也引起了政府的重视。

1992年，对于中国足球来说，是一个转型期，也是一个失落期，也就是在这时，万达与大连足球队正式结合在了一起。

那一年，中国冲击奥运会失败，足球丑闻也是当时人们茶余饭后谈论最多的话题。中国足球队正面临改制整体，这是职业化道路上一次必经的转型过程。

在国家领导人的支持下，大连成为足球特区，王健林正是从国家的这一举措中看出了商机。万达掌握的资本是足球特区最需要的，而足球特区也可以成为万达扩大品牌影响力的最好平台。

于是，王健林开始积极地与大连市体委接触，1994年万达集团接手大连足球队，大连市足球队正式更名为"万达足球俱乐部"，这一个举动也为大连市足球队带来了生机。

1994年是中国足球职业联赛元年，在那一年，万达足球队获得了冠军，并且一连三年都稳坐冠军宝座。

大连人为万达足球队而自豪，大连万达也成为甲A赛场上的超级战队。

那时，每个周末都有大连万达队的比赛，如果赶上主场作战，大连市的市民几乎全城出动，常常能看到一家老小举着条幅、拿着喇叭、抱着孩子聚集在球场上观看比赛的场景。

王健林是个不折不扣的球迷，每一届的足球世界杯比赛，他几乎都是一场不落地看完，自从接手足球队，王健林更加觉得世界杯赛场上看不到中国队的身影，简直是最遗憾的事情。

为了搞好足球队，万达付出了巨大的投入，好几次都险些"搞不下去"，但王健林对办球队绝对不是抱着玩玩而已的态度，他对足球队的设想是："通过资金杠杆，确立企业意识，彻底转换机制，按足球规律和市场规律办事，逐步过渡到以股份制为主的含足球与经营为一体的具有独立法人资格的实体，并最终形成造血功能。"

这是西方足球俱乐部的运作理念，为此他引进了优秀的外援，用市场经济体制下的奖金去鼓励球员，甚至还给球员们发过用三百克足金打造的金球。到了1996年，球员的奖金已经达到上百万，并且从管理层、教练到队员，都可以分到万达盖的楼。

称霸甲A赛场之后，王健林的下一个目标就是获得"亚冠"。可惜的是，1998年，在当时还叫做"亚俱杯"的决赛里，大连万达队输给了对手，屈居亚军。

随后，因与市领导在足球管理理念上的冲突，王健林萌生了退意。

他曾说："五年来，真的对中国足球的很多现象深恶痛绝，但更苦恼的是自己无能为力。"并且，因为万达自身的一些财务问题，已经无法支撑足球队的巨大开销。

1998年9月27日，足协杯半决赛上，在大连万达队和辽宁队次回合比赛中，因为不满对主裁判三个点球的判罚，王健林宣布"永久退出中国足坛"。第二天，王健林就着手开始实施足球队转让的事项。

不过，就在1998年底，情况出现了转机，当时的大连市政府决定让万达继续带大连市足球队，同时挽留徐根宝继续担任大连市足球队的教练。在这样的情况下，王健林决定继续留下，不过对于中国足球当时的现状却已心灰意冷。1999赛季，大连万达足球队始终在降级的边缘徘徊，2000年万达终于还是完成了与足球队的分割。

一连十年时间，万达再也没有涉足体育行业，直到2011年7月3

日王健林才公开宣称万达将重返足球界。不过这一次，万达没有赞助任何一家足球队，而是以三年之内出资五亿元的方式，达成与足协的战略合作，冠名中超联赛，扶持青少年足球。

有了万达的赞助支持，"中国足球希望之星赴欧留学"项目正式启动，对于中国未来的足球事业，这是一件极有意义的事情，王健林并没有打算靠赞助足球事业来为自己赚钱。他说："要想使足坛净化，起码高层要保持这种高压态势，之所以我愿意回来，也是了解到今后中超比赛、国内比赛，公安部始终会参与。用高层领导的话说，就是'始终保持高压态势'。"

基于此，才有了万达与中国足协签订的以下协议：冠名中超联赛、选拔16岁以下青少年赴欧洲顶级足球俱乐部留学、出资支持全国青少年联赛、选聘世界级优秀外籍主教练、探索改革现行裁判考核与奖励制度、出资赞助国家女子足球队。

高调回归足坛，让万达重新回到了体育事业，也为万达未来的体育事业发展埋下了伏笔。

当万达在2015年成功完成对盈方的并购之后，一下子就成为世界体育产业的龙头企业之一。盈方是全球第二大体育市场营销公司，也是全球最大的体育媒体制作及转播公司之一。在足球和冬季运动领域，盈方排名第一，除此之外，还涵盖25个体育项目的媒体转播版权。

拥有了盈方的绝对控股权，万达也就同时拥有了盈方的一切优秀资源，160家体育组织、25个体育大项、数百家赞助商和媒体，都与盈方保持着良好的合作。不过，王健林表示，万达并购盈方的最主要目的之一，还是有助于加快实现中国申办世界杯的目标。

这是一个伟大的构想，虽然所有人都认为，凭借中国目前的足球水平还不具备申办世界杯的资格，但是王健林却认为，现在不行，不代表以后也不行。他说："中国文化企业的目标是进入世界前十，但仅仅靠自身发展还不够，需要进行并购，因此我们首先要把万达的文化企业平台做大，而我们对盈方的并购只是一个开始，今年我们还会对至少其他两个文化企业进行并购。"

并购盈方，并不是万达自己的事情，而是为了推动中国相对落后的足球和冰雪运动事业的发展。经营企业，看的是金钱和效益，而从事体育事业，是无法用金钱来衡量其中的价值的。

如今万达旗下的许多企业已经成功上市，王健林认为，盈方是否上市，这是一个方向问题。王健林与盈方CEO菲利普·布拉特制订了一个六年增长目标，保证盈方的年均增长率保持在两位数。

没有做过体育事业的人也许不会理解两位数的概念，简单来说，这是一个很难实现的目标，而一旦实现，相信盈方上市指日可待。

依然是遵循"组合拳"的打法，王健林将新开展的体育事业与万达现有的产业结合了起来，例如在万达的度假区内举行中距离跑步活动，增加人气和收入，而万达在全球12个国家的超过25个分支机构也会让万达变得更加国际化。

这不禁让人回想起盈方CEO菲利普·布拉特在签约仪式上说的那

番话:"这是一个伟大的时刻,我们非常激动,会全力投入到双方的合作中。有了万达的支持,我们会以更好的服务满足现有和未来客户的需求……"

3. 旅游O2O

O2O 是英文 Online To Offline 的缩写，翻译成中文，就是"线上到线下"，是指将线下的商务与互联网结合，让互联网成为交易平台。

对于 O2O，王健林有自己的理解，他认为："O2O 就是在移动互联网时代，线上线下相互融合，提升消费的新商业模式。这里面有四个关键词，移动互联网、线上线下融合、提升消费、新商业模式，核心是要促进消费。"

万达电子商务，就是 O2O 的一种形式，在 2012 年万达高调宣布进军电商时，人们还认为这只是一次炒作，但是紧随其后，万达真的开始为电子商务高薪招聘人才，人们才终于意识到，万达这一次是要动真格的了。

自从 2013 年 9 月万达电商首次亮相，王健林就对外宣称："万达电商将通过打通线上线下的方式，形成立体化的销售平台，建成 O2O 模式的'智能广场'，即入驻万达广场的商家，通过统一的智能化体系，实现线上和线下同步销售。这样，商家可以通过线上成交线下提货的方式，拉动关联销售，扩大销售半径。"

这次"试水"，让万达电商初具雏形，可是仅仅半年过后，万达用高薪招聘来的人才却陆续离开。于是，王健林决定，用50亿元人民币为万达电商"砸"出一个未来。

在中国，没有任何一家电商公司敢做出如此巨额的投入，无论是淘宝还是京东，以及苏宁和国美，不是白手起家，就是小规模投资，因此万达投入的50亿简直是个天文数字。然而，对于万达来说，这仅仅是个开始，如果三年内看到了成功的希望，其在未来还会继续追加投资。

王健林曾在万达的报告中强调，所有网上资源全部给电商公司，不允许各系统单独搞电商。因为有着强大的线下资源，万达电商也就拥有了别人不具备的优势。在万达电商成立时，万达购物中心已是个成熟的品牌，与万达合作的庞大的商家资源足以让其他线上企业望尘莫及。

按照王健林的设想，将来的万达电商可以通过分析消费者的消费行为得出大数据，这个大数据就是对万达业务、招商和定价的指导方向，在未来，庞大的会员量很可能成为万达电商全新的盈利点。

到2014年下半年，万达的线下消费人群已突破15亿，按照这个速度发展，到2020年万达线下消费人群很可能会突破50亿。而这些消费者将成为万达电商在未来发展中的强大支撑力。

不过也有人认为，万达电商的名气与淘宝和京东相比似乎小了一些，甚至很少有人知道万达也涉足电商产业，于是有人开始怀疑，电商数据是否真的能够对万达百货的销售起到指导作用。

王健林也并不认为万达电子商务目前是成功的，万达旗下的不同业务暂时还没有完全融入万达的电商系统，因此，王健林才说要用三年左右的时间为万达电商找到盈利模式或者方向。

任何一个产业都存在一定的变数，在王健林看来，万达电商最大的变数是人。因此，万达才有着军队一般的管理制度，王健林永远是上班最早，下班最晚的那个人，在上班的日子里，万达的全体员工除了在食堂吃公司免费提供的一日三餐外，不可以吃任何零食。

军队式的管理风格，成为万达的企业文化，可是，在很多人看来，这样的管理方式未免有些过于严苛。于是，在万达内部也产生了两种不同的态度：一种是无论什么样的政策都全力执行；另一种则是希望打破现有的管理模式，如果不能实现，就干脆选择离开。

有些万达广场一年之内就会更换几任总经理，并且这绝不是少数现象，这个现象同样发生在万达电子商务，频繁更换领导带来的后果就是，大量的中层干部白白流失。

前任万达电商 CEO 龚义涛在离职之后说："在万达，通常先是用 PPT 的模式向领导请示汇报，所有的事情都需要领导批准才能做。我们互联网企业出身的人没有这个习惯。"

新型产业与传统产业似乎自然地就会产生文化的冲突与碰撞，许多互联网人有着发散性的思维，喜欢想到哪里就说到哪里，做到哪里。不过，万达二十几年来的经验也显示出严格的管理制度所带来的好处。

许多企业的转型是逼不得已，万达的每一次转型却都是主动选择，并且每一次转型之后，万达在经营、效益、利润、品牌知名度、口碑等方面都会迈上一个更高的台阶。在万达转型之前，一些企业也曾尝试过向电子商务方面转型，不过却鲜有成功案例。

2012 年，苏宁电器正式建立 B2C 电商平台，试图杀入火爆的电商市场。此前，并没有任何一家传统企业转型电子商务，不过就连苏宁副董事长孙为民也说："其实，没有人喜欢挑战，没有人喜欢转型，但是企业家作为商人，不能与市场拗着来。"

如果说苏宁转型电商是为了顺从市场规律，那么国美挑战电商平台则是在业绩连续下滑之后的一次被迫举动。同样是在 2012 年，国美电器也进行了线上线下融合，电子商务业务也被国美电器提升到与门店一样重要的地位。

可惜，苏宁与国美向电子商务的转型都不是非常乐观，因为多年从事传统行业，在从事电子商务这样一个新兴领域时，也会不自觉地将传统的经验和做法照搬过来。对于新兴产业而言，传统产业的经验与做法具有一定的局限性，再加上不具备专业性，操作不到位，也就无法达到最初预期的效果。

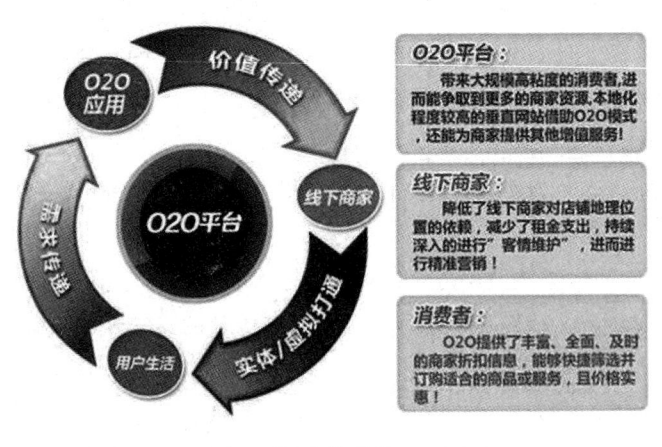

O2O 的优势

不过，万达电子商务并不想成为一个只是在网上卖东西的平台，王健林希望在未来的一两年时间里，只要说到万达电子商务，人们就会联想到真正的O2O，为了尽快将万达电商做起来，王健林还决定联合中国最大的几家电商，让他们来参股。

一般的电子商务企业是将线下解决不了的事情拿到线上去做，例如线下提高不了销量，就交给线上去解决。而万达电商是通过自己强大的线下资源优势，整合出一个全新的O2O商业模式。

听说万达要与中国最大的几家电商合作，人们纷纷猜测究竟哪些企业会成为万达电商的合作伙伴，是中国最大的电商平台阿里巴巴，还是近几年飞速发展起来的京东，抑或新崛起的唯品会、1号店、亚马逊中国、当当网等。

如果真的能将万达电商做好，万达也就又一次实现了成功转型。到时候，几乎可以预见，万达还会拿出更多的资金投入其中。不过，一旦失败，也许万达电商的品牌将彻底消失。毕竟未来还是一个未知数，万达能否在电商市场做出成绩，谁也无法预知。

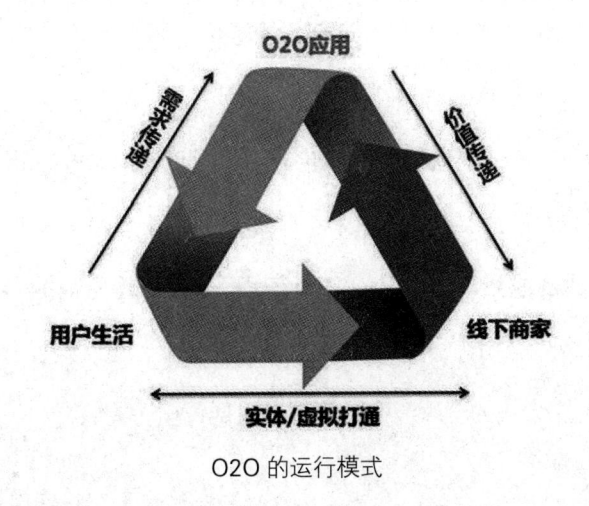

O2O的运行模式

不过，我们已经知道，2015年万达旗下的万达文化集团出资35.8亿元入股同程旅游，成为同程旅游最大的股东。

在未来，同程旅游会与万达旅业各旅行社、万达文化旅游城、万达线下商业资源开展全方位的合作。王健林说："投资同程旅游符合万达旅游产业实行'互联网+'战略、实现转型的需要。通过投资同程旅游，万达旅游产业将形成线上平台、线下渠道和大型旅游目的地三位一体的格局，打造旅游产业O2O模式。"

目前，万达是中国拥有旅游资源最多的企业，似乎也只有万达能打造出一个最完整的O2O旅游平台。而万达与同程旅游之间也早有渊源，在2014年12月，在某些旅游网站的胁迫下，许多从事出境游的旅游企业试图从供给端封杀同程旅游，在紧要关头，万达旅业将库存旅行社开放给同程，挽救同程旅游于危局之中。

如今，有了同程旅游网作为万达集团的网络入口，万达就可以将旅行社、超大型文旅项目、万达酒店、万达广场、万达院线、万达影业等资源协同整合起来，也只有这样，才能称之为全球最完整的O2O旅游平台。

也许在未来，万达集团旗下会出现一个旅游O2O上市公司，因为王健林曾经说过，万达在未来不排除进军航空市场。一旦万达旅游O2O产业运营成熟，也许它的实力会远远超过万达电商的O2O模式，业内人士分析，文化旅游业的市场规模难以估量，也就是说，万达旅业在未来很可能会成为全球最大的旅游大数据公司。

4. 体验型消费

如果将消费分为两种类型，一种是提袋型消费，也就是购物。就像人们经常在广告与现实中看到的那样，在购买商品时，商家一般会提供购物袋，或者消费者自己准备购物袋，将买来的商品放进袋子里提走。另一种则是体验型消费，这种消费类型的结果是不会带走实际的商品，更多的是一种体验和感受，例如文化消费、旅游消费、体育消费、娱乐消费、餐饮消费等等。

万达大力发展体验型消费的观念，源自2011年。当时，国家的"十二五规划"中提出，要使2011年到2015年这五年间的中国消费零售总额从15万亿元增长到30万亿元，这相当于翻了一倍，甚至远远高过GDP的增长速度。

于是，王健林认识到，如果单靠原有的消费模式，很难实现这样的增长，必须有一种全新的消费热点来刺激消费增长，并且不是小小的增长，而是大规模的增长，只有大力发展体验型消费，才能够帮助中国实现消费零售总额翻倍增长。

从前，中国人的消费观念只维持在购买生活必需品上，因为当时的物资条件匮乏，百姓收入不高，有些人可能一辈子都没有离开过自己生长的那个地方，更不知道有旅游这种消费，甚至不能理解购买非生活必需品的意义在哪里。

随着时代的发展，人均收入的增长，国民生活水平的提高，人们已经越来越不能满足单纯对生活必需品进行消费，人们手中有了多余的资金，可以让自己的生活水平提高一个档次，而体验型消费就在这样的情况下走入了人们的视线。

体验型消费不是生活必需品，例如看电影、健身、溜冰、旅游不能代替一日三餐，也不是非消费不可，与生活必需品相比，体验型消费的层次更高，具有更大的吸引力。

不过，虽然国民生活水平得到提高，老年消费群体依然舍不得在生活必需品之外的消费品上过多消费，并且，依然有一部分生活条件并不算优越的家庭无力支付体验型消费。于是，体验型消费的主要受众群体被自然地划定在中产阶级与中青年为主的时尚型消费群体。

如果要为体验型消费的消费群体进行一个简单的定义，那就是"有钱有闲"的人群，并且要有中等偏上的收入水平以及时尚的消费意识。

在体验型消费中，最常见的就是吃饭和看电影，在外面吃一顿饭动辄几百元，看一场两个小时左右的电影，每个人至少也要几十元到上百元。如果消费层次再高一些，可能会花费几千元办一张健身卡，或者在KTV里消磨一个晚上的时间。这些都决定了体验型消费的受众必须具有一定的消费能力与消费观念。

体验型消费正在越来越多地被中国的消费者接受，并呈现越来越热的态势，这与中国快速增长的GDP有关。近十几年来，中国的GDP

年均增长已经超过 9%，社会商品零售总额年均增长超过 15%。

在这样的情况下，体验型消费的增长速度已经超过了 GDP 和社会商品零售总额的增长速度。在万达提出大力发展体验型消费的时候，中国的电影消费年均增长已超过 40%，餐饮消费年均增长已超过 25%，甚至超过了汽车、造船行业的增长速度。

因此，王健林才在商业年会上提出，虽然网上购物日益流行，但体验式消费是网购无法替代的。他还曾对体验型消费进行过广义与狭义的划分："广义的体验式消费涉及文化、旅游、餐饮、娱乐等，而狭义的体验式消费则是指在商业设施里面的消费活动，包括电影、电玩、餐饮等。"

网络购物的确给线下购物带来了巨大的冲击，在二十年前美国就有人认为，终端渠道最终会在网络购物的冲击下灭亡。这个观点曾经让无数人信服，王健林却不敢苟同，因为消费并不仅仅是购物这么简单。

可以通过网络购买的商品大多是简单、低价的商品，高端奢侈品和珠宝极少通过网络销售。美国的网络购物比中国早了二十多年，可是直到如今，网络购物依然没有成为美国主流消费方式。

体验型消费更是网络购物无法代替的，因为吃饭不能通过点击鼠标来实现，网络上更无法体验到在影院看电影的震撼效果，尤其是 IMAX 的视听感受，更不能通过网络来旅游和健身，这些都要亲身到终端场所才能够感受到，感官的愉悦和刺激永远无法通过点击鼠标和盯着电脑屏幕来获得。

为了区别传统的以零售为主的销售业态，王健林特别提出一条明确规定，那就是万达广场的体验型消费比重必须大于50%，注重消费者的参与、体验和感受。

2013年开业的大连高新万达，除了引进众多世界五百强品牌商家，还特意建造了东北最大的万达影城IMAX、拥有最先进的音响和最舒适环境的KTV、拥有最先进的游戏设备的游乐场，还有生活超市等，将欢唱、观影、健身、购物结合成一个整体。

餐饮永远是万达广场最重视的部分，在每一个已经开业的万达广场里都有美食街，餐饮商家超过三十家。就像王健林曾经说过的："商业中心不是卖出来的，是吃出来的。哪个商业中心注重餐饮，人气就旺。"

万达广场的餐饮店铺，集合国际餐饮品牌、全球连锁美食、本土特色美食、休闲甜品屋、惬意小资餐厅等，展现出万达的餐饮文化特色。

不过，体验型消费所带来的并不全是优点。体验型消费的商家对租金的承受能力较低，租金一高就无法承受，如果不对体验型消费的商家店铺进行合理规划，就不能保证为万达广场带来旺盛的人气。

因此，万达在规划体验型消费商家的过程中也总结出一套经验。按照商场的惯例，楼层越高，租金越低，于是，万达就把大部分体验型消费商家的店铺安排在室内步行街或大楼的顶层，这样的安排不但没有减少体验型消费商家的客流，反而在万达广场中形成了一种"瀑布效应"，人们并不在乎体验型消费商家的店铺位置在哪个楼层，通过电梯都能很方便地到达，并且，被体验型消费吸引到顶层的顾客，会一层层地向下逛，反而给其他店铺带来了客流与销量。

在大力发展体验型消费的过程中，万达做到了几点，首先是提高了体验型消费在万达广场中所占的比重，尤其是餐饮业；其次，在招商方面，万达更注重品牌连锁店铺。

王健林有一个独特的观点，那就是："体验型消费地域特点浓厚，不管是餐饮、文化还是休闲，都要结合当地特点，强调地域特色。"

万达为体验型消费商家还提供了一个便利，就是给予政策扶持。体验型消费的商家往往要承担高额的装修费用，用于回笼资金的时间往往会很长。因此，对于这样的商家，万达会提供较长的租约，有的甚至比服饰类商家的租约长上几倍。

正因为万达对商家的重视，体验型消费才能得到大力发展，加上万达广场在开业前期的规划设计、招商运营等工作，万达广场才能做到像今天这样，开一家火一家。

抓住消费时代的命脉，其实就是抓住消费者的消费习惯、消费心理、消费特征。知道消费者在想什么，想要什么，想感受到什么，再有针对性地对自身的产品和服务进行调整。

如今80后、90后已经成为中国主要的消费群体，如果为这部分人群归纳出几个消费心理特征，那就是"乐观消费主义"、"敢于冒险"、"追求快乐与享受生活"。他们在消费中更注重个人价值的体现，看重品牌与时尚，也并不排斥低价商品，不会认为购买低价产品是不够档次。因此，针对80后消费者，企业应该突出"享受生活"和"个人价值实现"

的特点。

而90后的消费观念又截然不同,他们更注重商品的符号性与夸耀性,对商品本身的性质与使用价值相对不那么计较,因此针对这部分消费者,要注重互动体验式营销,提高商品的个性化属性。

第九章

梦想：帝国新征程

1. 并购为主，投资为辅

国内的许多行业在发展上目前仍暂时落后于国外，例如娱乐行业和体育行业，国外的市场都比国内发达许多。因此，从事这些行业的企业想要做大规模，必须向国际化发展。

万达自1988年成立以来，"老实做人，精明做事"就是万达的企业文化核心。在成立之初，生意场上的骗子很多，因此王健林才提出了这八个字的理念——不骗人，也让自己不被骗。

王健林说："别人骗我一次是他的错，但骗我两次就是我的错。"2004年，当万达已经成为国内首屈一指的地产企业，万达的企业文化核心又扩展为"国际万达，百年企业"。不过，那时候，就连王健林自己对"国际万达"四个字的概念都有些模糊，因此直到2012年万达的国际化之路才正式开始。

不过，在万达的基因里，一直就有国际化的意识，万达的前身叫做大连西岗开发有限公司，1992年实行股份制改造以后，才决定要更换一个"洋气"一些的名字。当时万达搞了一次有奖征集，征集企业名称和LOGO。最终，一个深蓝色背景，由WANDA变形为海浪和航船的LOGO被选中，因为万达是诞生在海边的企业，圆形的LOGO寓意着要走向全世界，这个LOGO一直被万达沿用至今，而当时的万达不仅没有走向世界，甚至还没有走遍中国。

只在本土发展，很有可能遇到国家经济调整时期，而走向国际，则可以大大规避这种风险，毕竟全世界的经济同时出现大萧条的状况是很难遇见的。无论从规避风险还是企业经营风险角度，万达都必须走上全球化发展的道路。

关于万达国际化发展的战略，王健林用简单的八个字就进行了概括："并购为主，投资为辅。"这样做的原因很简单，许多行业的市场都已经被先进入的企业占有了，如果万达重新去打拼，虽然并非绝无机会，但却非常渺茫，与其耗费人力、财力、精力，不如直接购买。

万达的大规模并购起源于2012年并购美国AMC之后，在并购当年，AMC就实现扭亏为盈，创造了5000万美元的利润。到了2013年，万达董事会就决定让AMC在美国纽交所上市，短短的四个月时间就完成了从启动到上市的全过程，因为并购AMC，万达也成为全球最大的电影院运营商。在全世界电影市场中，万达一家的份额就占到10%。

万达的目标是到2020年，占世界电影市场份额的20%，这也是当初决定并购美国AMC的原因。

很早以前，万达就决定建造一座影视产业园区，但是因为没能解决电影产业链的问题，所以迟迟没有进行。并购AMC之后，万达与美国主流电影制片公司和经纪公司建立了合作，再也不用担心谁来拍片、谁来制作的问题，建造影视产业园区的规划也终于正式启动。

因为并购了 AMC，万达在国际市场上有了一定的影响力，十几个国家的政府部门、几十家外国大公司纷纷发来信函，希望万达可以前往投资并购。

万达旗下影视类资产一览表　　　（投资界制表）

公司名称	时间	阶段	金额	基本情况/投资方/被并购方
万达院线	2015年1月22日	上市	20亿人民币	开盘价27.94元，市值172亿，市盈率13.7倍
	2016年2月24日	停牌	~	收盘价80.30元，市值943亿，市盈率75.05倍
AMC院线	2013年12月18日	上市	4亿美元	开盘价19.18美元，市值18.68亿，目前27.49亿
万达影视与青岛万达影视合称"万达影业"	2016年3月4日	融资	25亿人民币	泛海控股：10.58亿元收购万达影视，占股6.61%，14.42亿元增资青岛万达影视，占股7.59%
	2016年3月16日	融资	2亿人民币	华策影视：8463万元收购万达影视0.53股权，1.15亿元增资青岛万达影视，占0.61%股权
万达院线	2015年8月31日	并购	金额未披露	时光网20%股权
	2015年11月3日		22.46亿人民币	澳大利亚第二大院线Hoyts
	2015年12月17日		12亿人民币	慕威时尚
	2015年12月31日		10亿人民币	世茂影院15家子公司
	2016年2月4日		金额未披露	奥纳投资6家影城
	2016年2月4日		金额未披露	厚品文化
	2016年2月4日		金额未披露	赤峰北斗星7家影城
万达集团	2012年5月22日	并购	26亿美元	美国第二大院线AMC
	2016年2月2日		35亿美元	美国传奇影业公司
	2015年4月9日	投资	1000万美元	韩国电影特效公司Dexter Studios
	2015年4月27日		~	参与微影时代B轮1.05亿美元和C轮15亿元投资
AMC院线	2016年3月3日	并购	11亿美元	美国第四大影院卡麦克

2013年，并购了英国圣汐游艇之后，万达就开始在青岛筹建圣汐游艇新工厂。之后，为了打造商业地产产业链，万达又并购了4家旅行社，以及同程旅游网。

王健林说："这两年万达加大国外并购步伐，主要有三方面原因：一是占有市场稀缺资源；二是快速做大企业规模；三是通过并购调整产业结构。"

因此，万达又并购了瑞士盈方体育，掌握了世界杯亚洲区的转播权和世界主要冰雪运动的转播权。

被万达看中并实施并购的企业，都有着一定的品牌效应，有盈利能力，有正现金流，在中国市场上有较大的发展空间，并且在未来可能上市。

现金流是王健林最关注的数据，任何一个万达投资的项目，都在追求适度的现金流平衡。在以 3.15 亿美元收购了快钱 68.7 的股权之后，万达通过快钱平台发布了众筹金融产品，两周的时间就卖了一个亿，这笔钱也解决了万达地产项目的资金来源。

王健林从不担心并购企业的钱从哪来，只关心如何做好海外并购项目管理。因此，万达才决定成立海外事业部，统一管理海外企业。

王健林为万达的海外发展制订了一个目标："到 2020 年，万达收入 1000 亿美元，30% 以上的收入要来自海外。"

于是，万达的海外并购动向变得越来越频繁，2014 年万达以 2.65 亿欧元购买下了西班牙马德里的地标建筑——西班牙大厦。2015 年，万达又以 6.5 亿美元收购了世界铁人公司 WTC100% 的股权。此外，万达还先后并购了澳洲 HOYTS 院线、世界铁人公司、入股西班牙马德里竞技俱乐部，还在伦敦、马德里、芝加哥、洛杉矶、悉尼等地投建地标性建筑。

如今，万达已经在全球十几个国家进行了投资，在 2016 年还将完成三宗大规模的国际并购。

铁人三项运动在中国是小众运动，不过，在王健林看来，之前这项运动之所以没有在中国发展起来，是因为中国人均收入水平不够高，赛事推广程度和重视程度也不够，外国公司也没有关注到中国市场，当万达完成WTC的并购之后，铁人三项运动也许在中国会有巨大的前景。

万达并购的世界铁人公司是世界最大的铁人三项赛事运营者和最著名的铁人三项赛事品牌拥有者，三十七年来，一直在全球范围组织、推广和授权运营铁人三项运动，每年在全球运营的赛事多达二百五十个。

然而，万达的并购之路并没有止步于此，很快，万达又以4500万欧元买下马德里竞技足球俱乐部20%的股份。王健林说"万达不是中国土豪，什么都买"，并购体育产业并不是心血来潮的举动。

万达并购体育产业的目的，是为了让这些企业的业务能在中国落地，这样才能实现经营业绩大幅度的增长。

2014年，万达商业地产又与万达香港订立了西班牙合营协议，正式拿地投资海外地产。王健林曾表示："若西班牙地产项目运营乐观，万达势必迅速扩展起在欧洲的地产业务版图。"事实证明，万达的举措是明智之举，因为当时欧洲经济低迷，房地产价格处于低谷。王健林的举动也让马德里的房价实现了五年来的首次增长，达到5%左右。不过，在海外扩张的选择上，万达的标准也十分严格，那就是首先选择在经济发达、市场成熟的国家进行，依然是"并购为主，投资为辅"。

合营公司的成立，将为万达在欧洲市场的并购提供更完善的投资管理体系，不过，这其中所需要大量资金得万达自己来承担，一旦运营状况不良，很可能会造成资金流紧张，影响之后的投资举动。但是，一旦运营得好，不仅会获得市场追捧，还会让股价上升。

如今，万达已经成为中国民营企业国际化的代表，从2012年至今，万达在全球范围内的投资额已经超过150亿美元，光是在美国的投资就达到100亿美元，因此王健林也成了最受美国欢迎的人。

短短的几年时间，虽然万达的国际化并购之路走得如此顺利，势头迅猛，但并不代表每一次并购都是百分之百的成功。不过，王健林认为："没有失败就意味着离失败越近，万达在今后的国际化进程中不排除摔跟头，但是我们有一个原则，只要不发生颠覆性风险，就要去做这件事。"

在国际化发展过程中，万达制订了一个"2211"计划，就是到2020年，企业资产超过2000亿美元，企业市值超过2000亿美元，收入超过1000亿美元，净利润超过100亿美元，其中30%以上收入来自海外。

30%这个数字，是衡量一家企业是不是跨国企业的核心指标，如果只能在本国生产产品，再卖到世界各地，或者在一两个本土以外的国家有投资，但是占全部业务的比重较小，这样的企业只能算实现了产品国际化。

真正的跨国企业，不仅要求企业规模足够大，并且必须有30%以上的收入来自海外。万达至今还没有实现这个比例，因此在并购的道路上，依然要继续努力。

万达的目标是成为一流的跨国企业，让企业资产、收入、净利润排在世界的前几十名。这个目标激励着万达不断前行，也激励着每一个万达人更加勤奋努力。

2. 现有产业相互关联

许多人不理解，万达已经成为中国商业地产中的领军者，为什么还要花大价钱并购许多与商业地产毫无关联的企业。

在王健林看来，这些钱并不是土豪式的一掷千金，虽然有些企业并购下来需要大量的资金，但万达并不是要买得贵，而是要买得对。至于什么才是对的，用王健林的话来说，就是"与万达现有产业有关联，二是万达不管跨国并购还是投资项目，都要求这些业务能移植到中国，能在中国获得更快发展"。

如今，万达并购的企业包括不动产、文化、体育、旅游等等，但是有一点，这些都是万达正在从事的产业。所并购企业可以帮助万达实现一定的知识积累和人才储备，也有助于万达了解这些行业究竟是怎样运作的。

就像万达在 2015 年并购的美国 WTC 公司，这是世界最大的铁人三项公司，完成并购之后的短短半年时间内，万达就在中国厦门与合肥两地举办了铁人三项比赛。许多人从前很少关注这项运动，甚至有人根本不知道铁人三项运动到底是什么。自从万达在国内推广这一赛事之后，很多人渐渐对这项运动产生了兴趣。

相对来讲，铁人三项运动在国外的参与人数很多，正因为已经有很多人参与，增长空间就小，即便花费很大的精力去推广，能有百分之十以内的增长比例也是十分难得。而在中国，将会获得更多的增长点，以及更快的增长速度。

中国有十三亿人口，粗略地统计一下，正在从事铁人三项运动的只有两百多人。这是因为以前从来没有人推广过这项运动，万达成为了推广铁人三项运动的"第一人"。按照王健林的预期，铁人三项运动在中国推广之后，至少可以有几十万人参与进来。

中国是人口大国，有足够的人口基数，并且目前中国人已经开始意识到运动的重要性、健康的重要性。许多人已经开始参与到各项运动当中，尤其是跑步，不需要太多的条件约束，也不需要太多专业的装备。可以说，中国已经进入全民跑步时代，铁人三项运动在中国拥有巨大的发展空间。

其实，万达大力实行海外并购，也与中国的未来发展规划有关。在第十三届六中全会上，国家就提出要调整产业结构，如今十几年过去了，转型依然是万达在企业发展中需要关注的问题。

任何企业都不可能永远一成不变，万达也是如此，无论在商业地产中取得怎样的成绩，不变就意味着有可能被淘汰。

这并不是万达自己的无端猜测，如今的世界五百强企业，只有不到20%的企业是三十年前就排在世界五百强企业当中的，也就是说，其中的大部分企业都走向下坡路，不仅被"踢"出了世界五百强，甚至有些企业已经永远地消失了。

如果再过二十年，如今的世界五百强企业有多少还能排在世界的前列？世界在变，人们在变，企业也必须紧跟时代的变化而改变，甚至要主动寻求变化，并善于改变自己。

每一次转型都会让万达获得更大的竞争优势，尤其是第四次转型之后，用王健林的话说"是挖更深更宽的护城河"，进入除了商业地产以外的行业领域，不仅仅是为了让万达具有更强的竞争优势，更要排斥掉所有竞争对手，而且还不能让万达受到经济周期的影响。

任何一个国家的经济发展都是有周期的，全球经济也是如此，中国的经济从2013年已经开始呈现下滑趋势，虽然经过国家一系列措施的调整，起色依然不明显，这说明中国经济的下滑周期已经开始，并且不知道什么时候才会结束。

房地产行业是经济周期下滑过程中受影响最大的行业，无论是中国人还是外国人，购买投资型商品时的普遍心理都是买涨不买跌，所以，在这个期间，房子很难卖。自从从事房地产行业以来，万达已经历过两次房地产行业经济下滑，一次是在1993年到1995年，另一次是在2007年到2008年，因此王健林深知，在这样的情况下，房地产行业要挺过这一周期，十分不容易，想要更好地生存下去，就必须主动去寻找与经济周期下滑做对抗的方式，扭转危局。此时，进入其他行业，似乎是最好的选择。

在美国，文化产业占到GDP的24%，文化产品也是美国出口最多的产品，包括电影、音乐、图书版权等，而中国的文化产业却仅占GDP的3%，还不足美国的零头，不过，少并不意味着没有发展，在王健林看来，这反而意味着有很大的发展空间。

同样，美国的体育产业规模在 2014 年就已经接近 5000 亿美元，而中国目前还谈不上有自己的体育产业，如果勉强把与体育相关的产业，甚至包括体育服装和运动鞋都加起来，也才 3000 亿人民币，还不足美国的十分之一。

中国人在体育消费方面的意识还不够，人均体育支出也仅有美国的五十分之一。可以说，文化产业与体育产业在中国都是刚刚开始发展的产业，万达正是看出了其中巨大的发展空间，才义无反顾地并购了一些与文化和体育相关的企业。

更重要的是，与房地产相比，文化和体育产业几乎没有明显的周期性，在经济低迷时，人们反而愿意到电影院去看电影，到体育场馆观看比赛，哪怕是坐在家里的电视机前观看体育赛事转播，也是对压力与烦躁的一种消除方式。

如今，万达已经拥有四大产业——不动产、文化旅游、金融、电子商务，虽然万达正在尝试从重资产向轻资产方向转型，但是这四大产业永远都会相互关联、相互支撑。

以前，万达主要以体验型消费为主，主要发展电影院、电玩城、KTV 等，现在，万达希望将体验型消费覆盖到各个人群，尤其是一直被大多数行业忽略的儿童群体，因此才有了"宝贝王"这个综合性儿童项目。

有了这个项目，来万达广场的客流量明显得到增长，从此"宝贝王"成为每一个万达广场的标配，并且儿童娱乐的发展也会带动电影院线的发展，这就是将现有产业相互关联的一个最成功例证。

万达将现有产业互相关联，并不意味着舍弃地产行业。不过，中国目前的房地产行业已经出现拐点，也许在未来很长一段时间内不会出现上升趋势。王健林说："中国房地产永远不会回到买就赚钱的局面，躺着都能挣钱的时代已经过去。"

因此，从房地产市场中得到的现金流已经不足以支撑万达广场的开发。经济转型过程中，国家会付出一定的代价，企业更是如此，国家在调整产业结构，企业也必须调整所经营的产业和盈利模式。

如今，中国生产的产品有60%用来出口，40%用于国内消费，可是在发达国家，国内消费的商品达80%，美国甚至可以达到85%。所以，中国虽然是人口大国，却不是最大的消费市场，只有当中国的消费水平与世界发达国家的消费水平持平，宏观经济才会稳定。

万达已经进入的四大产业都是国家目前倡导的现代服务产业，也是经济转型过程中最需要的产业，将这些产业进行有机的关联，可以同时扩大内需、扩大就业、扩大投资。

从成立到现在，万达一直在创新，在求变，也在实践中不断探索。将万达现有的四大产业平衡发展，互相依托支持，形成良好的商业生态系统，万达才会成为一个更加安全的企业，也会早日实现"国际万达，百年企业"这一愿景。

万达的每一次转型都不是盲目的，都是经过长期思考与考察后决定的。例如并购美国AMC，并购英国伦敦的一家公寓酒店，还有在马德里、芝加哥、洛杉矶、悉尼这些国际主流城市拿到的极佳项目，都是因为万达先有朝这方面转型的需求,又恰好赶上一个机会,并稳稳地抓住机遇。

王健林说:"万达是有远大理想的企业。如果没有远大的理想,就不会到现在还如此奋斗。"有了不动产、文化旅游、金融、电子商务这个"铁四角",万达就会拥有稳定的现金流,企业也会越来越稳定。

3. 本土人才打天下

许多人有这样的疑问，万达已经站在中国和世界的顶端，一定不缺钱，那么万达究竟还缺什么？

其实，不仅是万达，任何一家企业最缺的永远都是真正的人才，只不过不同的企业缺乏的人才类型不同。

万达在商业地产打拼多年，商业人才已经足够，甚至已经成为培养商业人才的"黄埔军校"，如今的知名企业里，许多都有万达曾经的员工，因此万达如今最缺的是文化、体育、旅游、互联网金融、电子商务方面的人才。这几个行业都是中国从前并不发达的产业，即便是有潜在人才，也没有渠道去培养。万达需要的人才不仅要有专业能力，同时还要有强大的执行力。

2012年收购美国AMC公司之后，万达就要正式迎接来自国际市场以及万达自身国际化的挑战。从内容上看，万达正在从房地产公司转型为服务公司，从地域上来看，万达正在从中国企业转变成国际企业。

既然希望实现经营收入的30%来自海外，那么相对应的，在人才结构上，万达也要进行一系列的调整。一次又一次成功地完成对海外企业的并购后，万达渐渐发现，在向海外扩张的道路中，遇到的最大问题是并购之后如何管理和提升。如果并购之后不去管理这些企业，在欧美市场就很难做出成绩，也就凸显不出并购的意义。

并购容易，并购之后管理难。中国与外国语言和文化之间的差距，并不能成为海外管理中的难点，在对美国 AMC 的运营过程中，万达已经摸索出一些经验。

并购美国 AMC 之后，万达采取了几种管理制度，其中包括制定目标责任制、增加激励制度等，很快就让 AMC 在美国资本市场上市，万达从中得到 300% 以上的回报。

可以说，万达创造了一个奇迹，美国 AMC 原有的四十几个管理层一个都没变，可是公司的数据却发生了翻天覆地的变化。其中的秘诀在于强调对本土人才的使用。当初在并购美国 AMC 公司时，美国政府对电影终端渠道公司的并购有一定的条件限制。万达并购 AMC，并不是为了把大批中国电影卖到美国去，因为王健林并不能保证是不是真的有很多美国观众希望看到中国电影。一旦没有观众，再好的电影在美国市场也是失败的。

在王健林请求美国驻华大使骆家辉先生为万达写一封推荐信时，骆家辉先生还问到了一个问题："万达是不是打算派中国人到美国去管理？"王健林斩钉截铁地回答"不会"，因为并购后，公司的管理层如果全部流失，那就意味着并购失败了。

并购 AMC 公司之后，万达只向美国派去了一名员工，承担联络员的工作。在并购之前，美国人就曾对万达产生过质疑，原本美国 AMC 的股东都是大型跨国企业，这些企业都没有经营好，凭什么来自中国的万达就能把 AMC 管理好？

王健林说："并购企业最好的管理办法是留住原来的管理层，使之更好地工作。"其实，中国大多数企业的管理思想都源于西方，但是，中国的管理方法有自己的优势，也有一定的局限，那就是只适合中国本土市场。

反向推理，外国也是一样，只有本土的人才和本土的管理方式，才更适合本土市场。

其实，谁来管并不重要，重要的是要由万达来设定"制度机制"，调动人的积极性，而不是用管理制度像防贼一样来对待外国管理层，这才是企业管理制度的核心。

在万达并购美国 AMC 之前，美国赫赫有名的摩根斯坦利、凯雷、黑石等优秀企业都是 AMC 的共同持股人，持股比例都差不多，但是，AMC 却没有一个真正的主人，说白了就是没人能说了算。成功并购后，万达成了 AMC 的主人，也做出一个十分明智的决定。

当时，全球还处于金融危机的影响之下，工作岗位依然不够稳定。于是，万达与 AMC 的管理层签订了一个长达五年的工作合同，并且规定，超出经营目标的利润，管理层和万达一九分成。这个决定将全部管理层的工作积极性调动了起来，这才实现了并购第二年就成功上市的盛况。

王健林也从这次并购中悟出了一条真理，那就是："到世界上任何一个国家去并购和投资，都要尽可能留住原来的管理团队，使用本土人才，想办法调动他们的积极性，不要想着都派中国人过去。"

成为国际一流的跨国集团是万达的梦想，做企业和做人都一样，一定要有志向，无论志向大小，都是奋斗的动力，不然活一辈子和活一天没有什么区别。有些人从不知道自己为什么活着，有些企业也是这样，只有弄清楚自己活下去的意义与目标，企业与人生才有继续下去的动力。

在保证并购下来的外国企业拥有自治权利的同时，万达也需要与这些企业进行良好的沟通。听上去这是两件略显矛盾的事情，在这个过程中，万达也曾经遇到过一些困难。

万达有许多老员工，甚至有很多是与万达一同成长、一同锻炼起来的。在国内，这些老员工的工作能力极其优秀，然而随着企业国际化，这些员工在英语方面的弱项就凸显了出来。万达实施并购的大多是外国企业，公司的业务更是大部分都要与外国人打交道，可惜的是，这些优秀的人才因英语较弱而无法发挥自己的优势。

不过，万达很快就对这一点不足进行了弥补，既然老员工的英语较弱，那么就招新人。英语好的中国人优先录用，中文好的外国人其次考虑。

如今，中国已经有许多企业开始了海外扩张策略，民营企业只是少数一部分，更多的是国企公司，不过，却很少有像万达做得这样成功的企业。

总体来讲，私营企业在海外扩张方面的确比国企做得要好一些，但王健林认为有些国企也做得非常不错。私营企业之所以占优势，是因为私营企业的领导者大多是老板本人，而国企的领导者则会不定期进行变动，因此，国企领导者很难为企业制定长远目标，一旦自己离开工作岗位，后面的工作也许就没有人继续完成。

另外，国企的审批流程比较繁琐，这一点通过万达收购伦敦高档酒店的案例就可以得出鲜明的对比。当时，万达负责海外发展的总经理刚好到伦敦出差，看到一家银行想要把这间高档酒店当做不良资产拍卖出去。万达马上就表示对这间高档酒店有兴趣，不过对方提出了一个条件，那就是一星期之内付款，否则就要正式拍卖。一旦开始拍卖，价格就会比现在高出许多。

这间高档酒店的价格是每平方米 900 英镑，王健林几乎不敢相信这个数字，按照他对房地产行业的理解，即便再高上十倍也是合理的，经过确认，每平方米 900 英镑的价格准确无误，王健林当场决定签合同，三天之内就支付了定金。

如果放在国有企业，也许不会这么快就作出决定，很有可能就白白错过了这个商机。

除了让本土人才治理本土企业，王健林也曾考虑过将外国企业引进中国市场。不过这也有一个前提，就是万达先把自己的国际化经营做好，之后再介绍一批愿意到中国发展的企业，利用万达的平台，在中国发展。

这并不是一个空想，万达已经在与英国贸易署举行的会议上公开表达了这一态度，提出不分行业，无论是服装业、餐饮业，还是化妆品业等等，只要对中国市场感兴趣，都可以通过万达的平台来中国发展。

目前，万达在美国有 18000 名员工，在英国有 2600 名员工，无论在国外的中国员工有多少，万达都秉承一个理念，那就是让本土人才来打天下，如果说成功也有捷径，那万达的这一理念也许就是成功的捷径之一。

4. 让慈善成为企业文化

从事慈善事业，是对社会的一种回馈，也是企业对社会的一种责任。王健林在很多年以前就曾说过："民营企业家赚大钱真正的秘诀，就是带头承担社会责任，带头做好人，带头做好的企业家。"

王健林是个善于思索的人，在经营企业成功之后，他也在思索，自己的财富究竟是怎么来的。归根究底，如今中国人能够走上致富的道路，源于改革开放和富民政策。在此之前，中国也有许多聪明人，更不乏具有经济头脑的人，却因为没有赶上好的时代，没能实现致富。

改革开放给人们提供一个大的舞台，于是人们就必须在这个大的舞台上各展所长。大家都是同样的人，却有着不同的头脑，有些人成为了先富起来的一批人，有些人依然在温饱线上挣扎。

王健林认为，万达是改革开放的受益者，所以万达也要承担自己的社会责任。

经商追求的是利益，但却不能凡事都以利益为重。利益并不是高于一切的东西，比利益更高的还有道德。

在任何时候，企业都不能为了追求自身的利益而损害他人的利益，比如有的工厂自身的利益保住了，但是社会利益却受到了损害。

王健林说："在做生意的时候，赚钱是基本准则，但是应该义利兼顾、义在利先。"这是中国人的传统美德，古人曾说："君子爱财，取之有道"，生意人也应该是君子，赚钱并没有错，但绝对不能去做违背道义和道德的事情。钱的确是赚得越多越好，但在赚钱之前，要学会选择赚钱的方式，如果社会责任与企业利润同时摆在眼前，要永远将承担社会责任放在首位。

同样是赚钱，却可以分为不同的层次。最基础的层次就是为自己赚钱，让自己和家人的生活过得更好，这也是许多人最基本的想法。王健林在最开始经商的时候，也是抱着这样的目的，只要能让自己和家人、员工得到更好的生活条件，就已经算是最基本的成功了。

当财富积累到一定程度，赚钱就变得不再是为了让生活过得更好，而是希望可以获得一些名利。也许这样的想法有一些虚荣，但成名不是错误，成为某个行业甚至整个社会中的精英也是件光荣的事。

赚钱的最高层次，就是为了社会，也正因如此，才有了"社会企业家"这个词汇的诞生。著名的世界首富比尔·盖茨拥有几百亿美元的资产，但却对外宣布，这些财富中只有很少的一部分会留给自己的孩子，其余的将全部捐献给社会，成立"盖茨基金会"。这是一个非常伟大的举动，在美国，企业家从事慈善行业的例子很多，甚至有一个不成文的规定，富人如果不做善事，会遭到社会舆论的谴责。

在赚钱的过程中，王健林也总结出自己的经验："小富靠智，大富靠德。"这句古人说过的话，也是王健林的切身体会。

万达追求的是品质与品牌，而市场也因万达不靠宰人、骗人的方法去赚钱而给予其丰厚的回报。靠品德去赚钱，在百姓中会形成良好的口碑，有了这个口碑，也就会帮助企业赚更多的钱。因为口碑好，万达获得了百姓的信任，也获得了政府和银行的信任与支持。

与人为善，自己为善。其实，这就是品牌的积累过程，因为信任，才有人会愿意购买你的产品，成为你的合作伙伴，而发展就是在这样的过程中形成的。古人说有舍才有得，反言之，不愿舍也就很难得到，企业从事慈善事业，就是一个"舍"的过程。

并不是"舍"了就一定要获得回报，那样不是做慈善，而是作秀。王健林坚持认为慈善不能作秀，他说："慈善是人类共同的美好精神家园，也是中华民族几千年的传统，慈善事业应该是一种真诚的帮助，帮助别人的同时，自己也能获得满足感。"

王健林认为，行善应该先从自己的员工做起。毕竟，企业发展的目的，不只是为了从事慈善活动，把企业做大做强，是任何一个企业的核心目标。在企业做强的同时，员工也应该享受企业发展之后带来的成果，否则在慈善事业中捐助再多的钱和物，员工却成为了需要被捐助的对象，这样的企业永远都不能称之为成功的企业。

如今，慈善已经成为万达企业文化的一部分，早在1994年，万达就成立了第一个企业义工组织，这也是全国最早成立的义工组织。当时，中国许多地方都没有成立慈善组织，更不要提义工组织，因此万达的义工组织在成立之前也遇到了难题。但是万达克服了过去，随着万达走向全国，万达的义工组织也在全国各地纷纷成立起来，并成为中国最大的企业义工组织，在全国各地，万达一共有近千个义工分站，义工人数已经超过十万人。

在中国，也有许多企业像万达一样致力于慈善事业，也许，万达在中国并不算最大的企业，员工数量也远远低于某些企业，但是万达的义工数量却比任何一家企业都多。每一年，万达的各个义工分站都会组织义工活动，光是2014年上半年，义工活动就多达697次。

不夸张地说，万达员工人人都是义工，因为万达在聘任员工时就有一条规定："只要你愿意加入万达，必须自动承诺参加义工。"如果无法认可这一条，也就失去了成为万达员工的机会。而且，这一条款会永久保留下去，当员工的合同期满进行续签时，这一条依然是合同中的重要条款之一。企业义工要求每年至少做一次义工，培养其关爱社会的情怀。

万达的义工组织并不是只要求大家捐钱，因为当发生灾难或遇到极度需要帮助的群体时，万达会由公司出面来捐款。

万达的义工组织也经历了从懵懂到成熟的成长阶段，一开始，义工组织会组织义工们参与一些类似捡垃圾的活动，不过渐渐地，万达发现，这样做对员工的意义并不大，于是就将义工活动变成了"定点帮扶"。

万达所在的每个地区，每个分公司都有一个定点帮扶的机构，慈善不是只做一次就好的事情，需要长期地坚持下去，对被帮扶的对象才有意义。大连普兰店市的一个乡，经过万达的常年帮扶，人均收入已经在当地实现了脱贫。

每年，万达都要组织全国性的义工联动活动，每一次大型的义工活动都与企业的便利资源结合在一起。万达是从事不动产的企业，其中大部分工人来自农村，而这些人的孩子上学就成为难题，因此万达连续三年组织了关爱打工子弟学校活动。

王健林说："为什么我们这么看重义工组织？因为我们意识到，在企业有钱之后，企业拿钱做慈善的时候，如果不在企业当中普及一种慈善文化，这个事情仅仅变成老板个人的活动，员工不理解、不支持，那么这个活动也不能持久。"

如今，万达的每一个员工都理解万达从事慈善活动的意义，而慈善也真正成为万达的一种企业文化。

每一年，万达都会出一本《万达故事》，里面就包括义工的故事。这本书会发到每一个万达员工手中，已经坚持了十几年，在万达的员工大会上，慈善活动也会被作为一项重要的工作进行总结。就像王健林所说的那样："我希望我们的企业将来能够发展得更好，有能力捐助更多的人。"

后记

如今，王健林已经与万达携手走过了二十几个年头。万达的发展过程就是中国经济发展过程中的一个缩影，王健林经商之后走过的人生，也是中国改革开放之后的特殊产物。他的人生中，没有太多精彩纷呈的故事，没有发生在大多数企业家身上的花边新闻。直到今天，他还是那个从部队中走出来，却要用一辈子去过部队生活的军人。

作为中国首富，王健林堪称商界一个神话般存在的人物，几乎任何一个有关商业的文章或书籍，其中都能找到王健林和万达的身影。

也许他是目前中国最具有多面性的一位企业家，总是在世人面前呈现出不同的个性。他有时严肃，有时和蔼，有时文艺，有时慈祥。他既是一个在商场上指点江山的王者，也是一个温柔宠爱儿子的父亲；既是工作狂，也是讲义气的好战友、爱妻子的好丈夫。

也许，王健林的成功并不可复制，但至少，从他的成功道路中，我们能捡拾到一些收获。我们无需将他当做一个伟人那样歌功颂德，但是他的个性、经历、商业能力、对政治和经济的把握能力，却值得太多人去学习。

每一个成功者，都一定拥有一个强大的精神动力，生命中做出的每一次决定,都是对王健林的一次巨大挑战,然而他拥有军人的血统和富于挑战的人生,才会更加丰富和精彩。

没有人生来就是为了波澜不惊,做人总要有梦想,王健林如今的梦想,就是把万达打造成一流的跨国集团企业,为了这个梦想,他付出了无数的心血和代价,但是只有经历过人生的重重挑战,才能最终带领万达走向一片坦途。

图书在版编目（CIP）数据

王健林：我的商业帝国密码/何敬华著.—北京：时事出版社，2017.1
ISBN 978-7-5195-0063-4

Ⅰ.①王… Ⅱ.①何… Ⅲ.①房地产企业－企业管理－经验－中国 Ⅳ.① F299.233.3

中国版本图书馆 CIP 数据核字（2016）第 266969 号

出 版 发 行：时事出版社
地　　　址：北京市海淀区万寿寺甲 2 号
邮　　　编：100081
发 行 热 线：（010）88547590　88547591
读者服务部：（010）88547595
传　　　真：（010）88547592
电 子 邮 箱：shishichubanshe@sina.com
网　　　址：www.shishishe.com
印　　　刷：北京建泰印刷有限公司

开本：787×1092　1/16　印张：20　字数：218 千字
2017 年 1 月第 1 版　2017 年 1 月第 1 次印刷
定价：40.00 元
（如有印装质量问题，请与本社发行部联系调换）